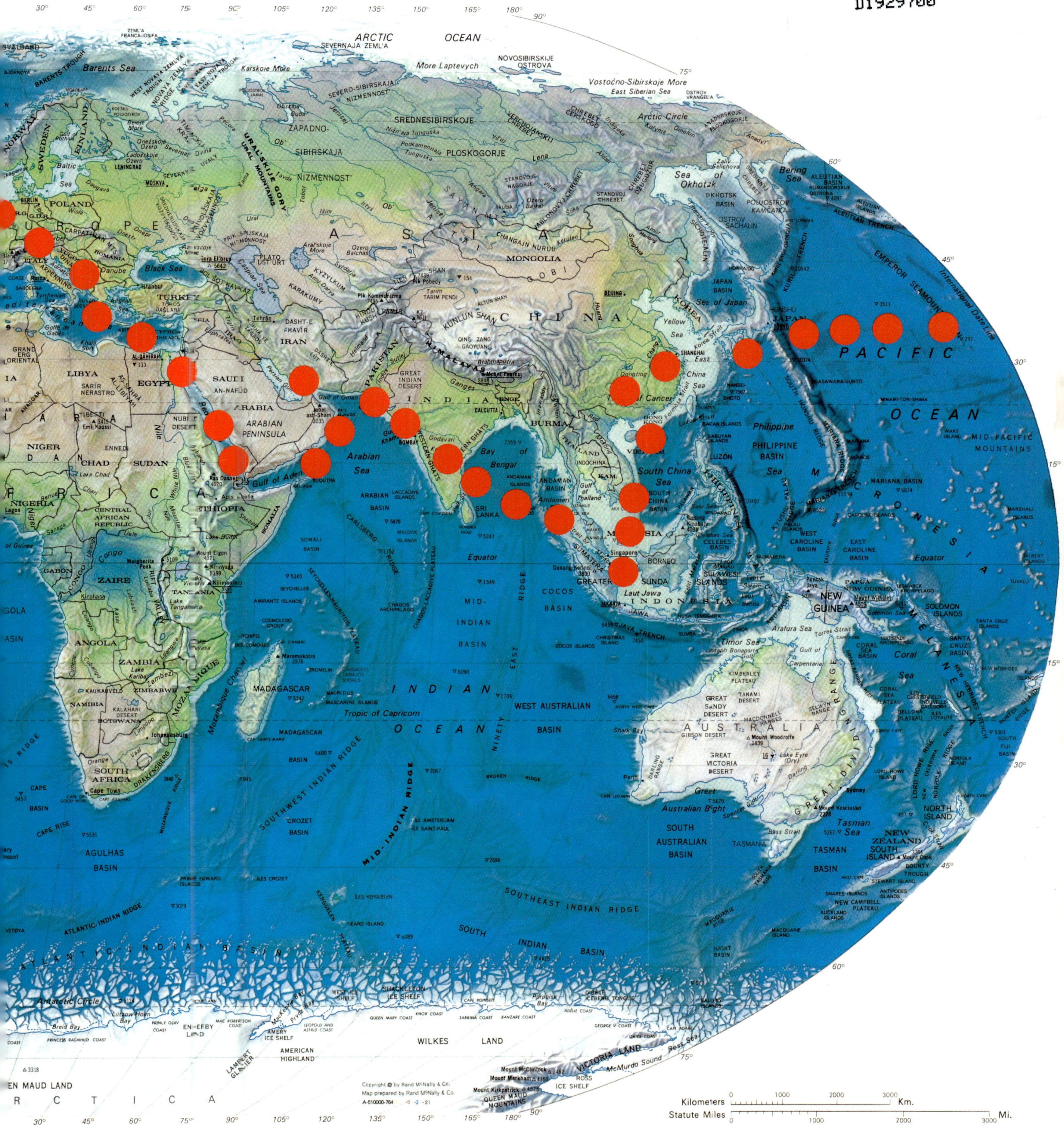

Kilometers 0 1000 2000 3000 Km.
Statute Miles 0 1000 2000 3000 Mi.

One centimeter represents 750 kilometers.
One inch represents approximately 1200 miles.
Robinson Projection
Scale 1:75,000,000

Traumreise um die Welt

für Anne Christine

Johann Albrecht Cropp

TRAUMREISE UM DIE WELT

88 Tage auf den Spuren Jules Vernes

UMSCHAU

Inhalt

Vorwort

Unsere Erde zu bereisen und zu erkunden ist der Traum vieler Menschen. Als höchstmögliche Steigerung bei der Erfüllung dieses Traums gilt noch immer eine Weltreise. Einmal an einem Stück rund um die Erde fahren: das ist etwas ganz Besonderes, und für die meisten etwas einmaliges.

Woher diese Faszination kommt, ist schwer zu fassen. Das Ungewisse, das was hinter dem Horizont liegen mag, reizte die Menschen wohl schon immer. In der Zeit, als die Erde in den Vorstellungen noch platt wie ein Tablett war, mischten sich gelegentlich Zweifel »am Ende der Erde« hinter dem erkennbaren Horizont. Die sichtbare Grenze weckte Neugier. Immer wieder trachteten einzelne, hinter das Geheimnis der Endlichkeit zu kommen. In diesem Punkt ähnelt der Weltreisende von heute dem Forscher von gestern.

Auch wir sind der Sehnsucht, die Erde zu erforschen, erlegen. Nach vorausgegangenen zahlreichen Reisen in viele Kontinente stellt die Fahrt einmal-rund-um-die-welt die Krönung dar. Auch nach der Rückkehr von unserer dreimonatigen Weltreise hat bei uns die Faszination, wie ein immer wiederkehrendes Echo, nicht nachgelassen.

Die Idee einer Spurensuche nach der Geschichte Jules Vernes »Reise um die Erde in 80 Tagen« ergab sich bei Überlegungen, auf welcher Route man in heutiger Zeit am besten fahren solle. Da gibt es eine gar nicht mehr schwierige Route, die von Berlin über Moskau, weiter auf der Transsibirischen Eisenbahn bis Wladiwostok und per Schiff nach Californien führt. Auf dieser Fahrt gelangte man zwangsläufig zu einem visuellen Doppelportrait der Weltmächte. Die facettenreichen Regionen Indiens, Südostasiens und Chinas blieben von dem Reisenden nicht erfaßt und unerforscht.

Jules Verne dagegen beschreibt die Reise des spleenigen Engländers Phileas Fogg auf einer Piste, die durch die verschiedensten Länder und zu Begegnungen mit Menschen aller Schichten führt. Dadurch ist Jules Vernes Roman spannend von der Story und länderkundlich interessant zugleich. Nach nochmaligem Lesen des Buches hatten wir die Fährte aufgenommen. Wir waren erneut fasziniert, und wir beschlossen, bei unserer Welterkundung Jules Vernes Spuren zu folgen.

Natürlich könnte der Reisende die Stationen der Verneschen 80-Tage-Fahrt in wenigen Wochen per Flugzeug erreichen. Das wäre zwar schnell und relativ preiswert, die Atmosphäre der ursprünglichen im Jahr 1872 angesiedelten Tour erfaßte man nicht. Zu schnell und zu oberflächlich wären die Reiseerlebnisse. Unser Vorhaben sollte dagegen – soweit als möglich – mit den gleichen Verkehrsmitteln wie in Jules Vernes Roman unternommen werden: mit Eisenbahnen, mit Schiffen, mit Rikschas und auch mit Elefanten oder Pionierwagen. Dabei soll das Erleben der Welt in unserer Zeit vor der Schnelligkeit rangieren. Keinesfalls wollen wir uns auf eine neuerliche 80-Tage-Wettfahrt einlassen. Dies hatte ja bereits vor sieben Jahren, wie wir erst in Amerika erfuhren, ein Fernsehteam der BBC unternommen.

Trotz dieser Vorsätze geraten wir bereits bei den Vorbereitungen und Buchungen in einen Zeitraster. Die vollkommene Freizügigkeit sollte es in unserem Fall nicht geben. Da mußten Hotels frühzeitig gebucht werden, weil in Städten Tagungen das verfügbare Bettenkontingent beschnitten. Schlafwagenplätze in Indien und den USA sollten so zeitig als möglich reserviert werden, da in der Ferienzeit nur noch Pullman-Sitze für eine dreißigstündige Fahrt übrig blieben. Nicht zuletzt wollen Schiffspassagen gut aufeinander abgestimmt werden. Alle Vorbereitungen nahmen zwei Monate in Anspruch. Ohne ein Fax-Gerät wären die Buchungen noch viel umständlicher und langwieriger gewesen.

Eine Alternative zu dieser »geplanten« Weltreise wäre die spontane Fahrt, möglichst mit leichtem Gepäck und einer flexiblen Einstellung zu Komfort, Hygiene und Zeit. Denn bei einer Fahrt ohne Vorausbuchungen kann man auch mal acht oder gar vierzehn Tage in einem tropischen Hafen warten, bis ein Schiff Passagiere zum Zielort mitnimmt. Nicht kalkulierbar sind die Visa-Wartezeiten in fremden Ländern. Am leichtesten erhält man den Sichtvermerk am Heimatort. Auch hier ist es ein Puzzle, die Gültigkeiten der Visa mit den Reiseterminen in Einklang zu bekommen.

Wie lange sollte die Weltreise dauern? Nach unserer Erfahrung sind 80 Tage (wie bei Jules Verne) auch heute noch das absolute Minimum. Obwohl die großen Containerschiffe jetzt doppelt so schnell laufen als die Steamer Ende des neunzehnten Jahrhunderts – man gelangt beispielsweise über den Pazifik von Japan nach Californien heute in elf statt in zweiundzwanzig Tagen. Generell geht das Reisen auf dem Land und

Wasser nicht viel rascher vonstatten als vor 123 Jahren. Es fehlen die regelmäßig verkehrenden Passagierschiffe der »guten alten Zeit«.

Ideal ist, wenn Weltenbummler zwischen 80 und 110 Tage Zeit mitbringen, um die Erde mit den »klassischen« Tansportmitteln zu umrunden. Es bleiben auch Tage für persönliche Erkundungen und gelegentliche Pausen. Dann macht es Spaß.

Ist eine Weltreise für einen normal Verdienenden zu finanzieren? Hier kommt es natürlich immer auf die persönlichen Verhältnisse an. Die Kosten einer eigenständigen Fahrt liegen weit unter denen auf der *Queen Elizabeth II.* bei ihrer Einhundert-Tage-rund-um-die-Erde-Fahrt. Die Ausgaben sind vergleichbar mit dem Aufwand für die 90- bis 100-Tage-Rundreise auf einem Frachtschiff. Alles in allem haben wir bei einer Reise zu zweit für Passagen, Übernachtungen, Mahlzeiten und Nebenkosten rund 24.000 Mark pro Kopf ausgegeben.

Für diese einmalige Reise und unser Erleben der Welt war das nicht zu viel – denken wir.

Die 1. Etappe
Von England nach Ägypten

Jules Verne ließ seinen Roman »Reise um die Erde in 80 Tagen« im renommierten Londoner *Reform-Club* beginnen. Der Club war bereits 1832 gegründet worden und hatte sich als Vereinigung liberaler, reformfreudiger Bürger konstituiert. An dieser Einstellung hat sich bis heute nichts geändert. Anfang des neunzehnten Jahrhunderts hatten an der ehrwürdigen breiten Pall Mall drei hochangesehene Clubs Grundstücke erworben und diese mit repräsentativen Clubhäusern bebaut. Die Gebäude erinnern an italienische Palazzi und entsprachen durchaus dem Stil der Zeit. Die Pall Mall verläuft vom St. James Palace zum Trafalgar Square. Hinter der Hausnummer 104 verbirgt sich der *Reform-Club*. Ein Namensschild gibt es nicht. Wer hier eintritt, weiß wo er sich befindet.

Wenn der Besucher der eingehenden Prüfung des im Entré residierenden Hüters standhält, wird er zugelassen und steht nach einigen Schritten in einer gewaltigen Halle. Säulen und ein breiter Umgang verraten klassizistische Vorbilder. Eine Glaskuppel wölbt sich über diesen Innenhof, der vielen Luxushotels Ehre machen würde. Die Säulen sind an den Kapitelen reich verziert. Bilder schmücken die Brüstungen der Gallerie des ersten Stockwerks. Marmor bedeckt den Fußboden. Wir stehen ehrfürchtig im *Reform-Club* und betrachten die Stätte, an der Jules Verne, gleichermaßen geschickt wie ortskundig, seine Geschichte beginnen ließ.

Vom Umgang führen breite, hohe Naturholztüren in die Gemächer der Clubmitglieder: da ist die bis unter die Decke mit alten Editionen angefüllte Bibliothek, die von einem fachkundigen Bibliothekar betreut wird. Es herrscht respektvolle Stille im Lesesaal in dem einige Gentlemen ihre Morgenlektüre schweigend studieren. Da wartet das Billardzimmer auf Spieler. In den Gesellschaftsräumen lassen sich Mahlzeiten für wenige Mitglieder oder für große Gesellschaften ausrichten. Über diesen im Parterre und ersten Stock untergebrachten Clubräumen finden Mitglieder noch 32 Schlafzimmer, in denen die Auswärtigen meist während ihrer Verpflichtungen in London wie in einem guten Hotel wohnen.

Der typische Londoner Club unterscheidet sich grundlegend von den meisten Clubs auf dem Kontinent. Er ist kein Sport- oder Freizeitclub. Hier lebt der Gentleman unter Gleichgesinnten in einem Herrenclub. Demzufolge kann er sicher sein, daß er so gut wie keinen unerwarteten Situationen ausgesetzt wird. Nach wie vor ist der gute Londoner Club ein Hort für die Angehörigen einer Klasse. Er bedeutet dem Gentleman gelegentlich mehr als eine Familie. Hier wird er abgeschirmt, bedient, versorgt und nicht zuletzt ist er unter seinesgleichen. Viele der Mitglieder haben ihren Platz, den bereits Vorfahren einnahmen, ererbt.

Die Geschichte beginnt im Reform-Club

Phileas Fogg, der Romanheld, wurde als typisches Mitglied des *Reform-Clubs* geschildert. Er war beileibe kein Müßiggänger. Er war auf heute bezogen Privatier und lebte von seinem Vermögen, das von dem mit ihm befreundeten Bankier Baring gehütet und vermehrt wurde. Offensichtlich brauchte sich Fogg um seinen Lebensunterhalt keine Sorgen zu machen. Vierzehn Stunden verbrachte er in der Regel täglich im Club und Jules Verne beschrieb die etwas sonderliche Lebensart folgendermaßen:

»Für seine Hauptmahlzeiten mußten die Küche, die Speisekammer, die Anrichte, der Fischkasten und die Käse- und Buttervorräte des Club zur Belieferung seiner Tafel mit ihren saftigen Beiträgen bereitstehen. Die Bedienten des Club mußten ihn, im Sonntagsgewand und mit Filzschuhen an den Füßen, aus besonders für ihn reserviertem Porzellan und auf herrlichem Damasttischtuch bedienen. Seinen Sherry, Porto oder Claret, kräftig gewürzt mit Zimt, Farnkräutern und andern Zutaten, die den Wohlgeschmack vergrößern sollten, trank er aus den seltensten Gläsern, die der Club besaß; und um den Genuß vollkommen zu gestalten, war Eis unter großen Kosten aus Amerika bestellt worden, damit die Getränke des Gastes zufriedenstellend kühl blieben.«

Diesen eigenwilligen, ja spleenigen Phileas Fogg schickte Jules Verne auf Weltreise. Wird er das schaffen? Kann ein Gentleman, der offensichtlich weder Arbeit noch Anstrengungen gewohnt ist, die Strapazen der achtzigtägigen Tour um den Globus bestehen? Unternimmt er das alles, nur um eine Wette zu gewinnen? Wir greifen vor: ja, er tut dies alles wegen einer Wette im *Reform-Club*. Die von Jules Verne eingeflochtene Verwechslung mit einem Bankräuber diente nur der zusätzlichen Dramatik des Buches.

Wie wir aus dem Roman wissen, war der Anlaß zum Abschluß der Wette ein eher beiläufiger. Beim Whistspiel im Club debattierte man über eine Meldung im *Morning Chronicle*. Dort wurde berichtet, daß es nach Fertigstellung der Indien durchquerenden Eisenbahnlinie möglich sei, in achtzig Tagen mit Schiff und Bahn um die Welt zu reisen. Phileas Fogg, zu dessen Hobbies auch das Studium von Bahn- und Schiffsfahrplänen gehörte, meinte lässig, daß er sich dies zutraue in achtzig Tagen, nach Umrundung der Erde, zu einer festzulegenden Zeit wieder im *Reform-Club* zurück zu sein. Die rasch abgeschlossene Wette wurde sofort protokolliert. Es ging immerhin um zwanzigtausend Pfund. Eine enorme Summe, die heute wohl das zehnfache an Wert darstellte.

Noch am selben Abend bestieg Phileas Fogg mit seinem erst wenige Stunden zuvor engagierten Diener Passepartout den Zug. An der *Charing Cross Station* verabschiedeten die Wettpartner die Weltreisenden, die über Dover, die Fähre nach Frankreich und weiter nach Paris reisten.

Wir, zwei Autoren, von denen der männliche Partner auch Fotograf ist, stehen 123 Jahre später ebenfalls an der *Charing Cross Station* in London. Zu zweit wollen wir uns einen Traum »Einmal um die Welt reisen« erfüllen. Auf den Spuren von Jules Verne wollen wir dieselben Städte und Länder erforschen. Dabei kommt es uns nicht auf eine schnellstmögliche Erdumrundung an. Wir wollen so viel als möglich sehen und erleben. Aus diesem Grund spurten wir nicht gleich zum nächsten Zug, wir bummeln gemächlich durch das Viertel, in dem – laut Roman – Phileas Fogg gelebt haben soll.

Wie bereits erwähnt, steht der *Reform-Club* mit weiteren angesehenen Clubs an der Pall Mall. Am Anfang des Blocks, mit der Hauptfront dem Waterloo Place zugewandt, residiert der *Atheneum Club*. 1824 als Hort von Schriftstellern und Literaturbegeisterten gegründet, entstand das prächtige klassizistische Gebäude im Jahr 1830. Pallas Athene krönt die Front. Der Fries darunter zeigt eine Reproduktion des Parthenon-Frieses. An dieses Gebäude schließt sich der älteste Club an, der bereits 1819 gegründete *Travellers Club*. Er entstand nach dem Sieg über Napoleon aus der Begeisterung für Reisen und Welterkundung.

Im neunzehnten Jahrhundert galten die Briten zu recht als die Pioniere des Reisens. Dampfmaschinen führten zum Bau schnellerer Schiffe und machten Eisenbahnen möglich. In dieser Zeile der noblen Clubs entstand neben dem *Reform-Club* noch im Jahr 1897 der *Royal Automobile Club*.

Wer die Pall Mall weiter nach Nordosten geht, gelangt an den berühmten Trafalgar Square. Der Name erinnert an Admiral Nelsons Sieg im Jahr 1805 beim spanischen Kap Trafalgar. Damals schlug die britische Flotte die Verbände der Spanier und Franzosen. Die Schlacht beendete endgültig die Seevorherrschaft der Spanier, und England konnte sich als führende Seemacht etablieren.

Portal zum Londoner *Reform-Club*. Hier ließ Jules Verne die Geschichte seines Romans »Reise um die Erde in 80 Tagen« beginnen. Im neoklassizistischen Gebäude herrscht nach wie vor die gediegene Atmosphäre wie zur Zeit von *Phileas Fogg*.

Nur allzu verständlich, daß Admiral Nelson hoch und stolz auf der 170 Fuß hohen Säule zum Wahrzeichen des Platzes wurde. Um das Standbild lagern in der Ferienzeit meist ein paar hundert jugendliche Touristen. Der Platz gleicht dann einem Picknickareal, von dem immer wieder kleine Gruppen in die angrenzende *National Gallery* überwechseln, um den Kunstgenuß nicht zu kurz kommen zu lassen.

Hier im Centrum Londons begegnet der angehende Weltreisende auf Schritt und Tritt Sehenswertem. Er versucht noch einmal so viel als möglich zu speichern, bevor er nun bald Europa verlassen wird. Alles ist hier dicht beieinander, so die 1722-1725 neu errichtete Kirche *St. Martin-*

Folgende Seiten: über den Piccadilly Circus schritt Romanheld Fogg auf seinem Weg in den Reform-Club.

UNDERGROUND
SUBY
DEO · FAX
TD
SANY
ER KING
H.SAMUEL
RK
BAKERLOO LINE
PICCADILLY LINE
PUBLIC TOILETS
TRAVEL INFORMATION
The last entrance to close is the one outside Lillywhites
PICCADILLY CIRCUS STATION

01622
735111
Ambient

in-the-Fields. Jeweils um die Mittagszeit finden dort beliebte Konzerte statt. Und auch der Sammler, der vor der langen Reise noch Geld ausgeben möchte, hat es nicht weit zu *Christies.* Das noble Kunstauktionshaus wurde bereits 1766 gegründet und residiert seit 1823 an der Kingstreet.

Nach vielem Sehen, Bummeln und vielleicht dem Kaufen der allerletzten Reiseutensilien wird es Zeit aufzubrechen, um Jules Vernes Spuren zu folgen.

Der Leser des Buches »Reise um die Erde in 80 Tagen« weiß bereits, daß Phileas Fogg am 2. Oktober 1872 um sieben Uhr abends die Wette im *Reform-Club* abgeschlossen hatte. Um acht Uhr fünfundvierzig bestieg er in der *Charing Cross Station* den Zug nach Dover, der Anschluß an eine Kanalfähre hatte. Außer einer Reisetasche nahm Fogg weitere zwanzigtausend Pfund seines Vermögens mit. Das war die Reisekasse, die Diener Passepartout tragen und hüten durfte.

Die *Charing Cross Station* erhielt den Namen von dem sie umgebenden Stadtteil von Westminster. Hier, so verkündet eine Bronzeplatte, ist der offizielle Mittelpunkt von London. Und von *Charing Cross* wurden alle Entfernungen in das Vereinigte Königreich vermessen. Seit Beginn des Eisenbahnbaus gehört der Kopfbahnhof zu den bedeutendsten der Hauptstadt. Die meisten Züge in Richtung Kontinent beginnen hier.

Hohe schwarze Gitter frieden den Bahnhofsvorplatz ein, schaffen ein abgeschlossenes Areal, wie wir es auch von Residenzen kennen. Hier also fuhren Fogg und Diener Passepartout im Cab – der Pferdedroschke – vor, um sich von den fünf Gentlemen des *Reform-Clubs* zu verabschieden.

Auch heute noch rollen die Taxis in nicht enden wollender Folge zur *Charing Cross Station.* Die meisten der Züge in Richtung Südosten fahren von hier aus ab. So auch die Züge zu den Kanalfähren. Nur die schnellen *Eurostar*-Züge nach Paris und Brüssel starten ausschließlich von der südlich der Themse liegenden *Waterloo Station.*

Waterloo International wurde eigens für die Expreßzüge durch den Tunnel an den bestehenden Bahnhof angebaut. Vieles erinnert an die Abfertigungshallen eines Flughafens. Edle Baumaterialien spiegeln die moderne Zeit wider. Warteregionen sind ähnlich wie in den Air-Terminals getrennt angeordnet. Fest verschlossene *gates* werden aus Sicherheitsgründen erst knapp vor den Abfahrtszeiten der Züge geöffnet. Fahrkartenkontrollen gleichen denen der Fluggesellschaften.

Wir haben uns für eine Fahrt durch den Eurotunnel nach Paris entschieden und verzichten auf die nun bald nostalgische Reise auf einer Fähre. Schließlich ist der *Eurostar* ein Schienenzug der neuen Zeit. In Japan planen wir die Fahrt mit dem superschnellen *Shinkansen,* ebenso wollen wir die modernste Bahnverbindung in Europa nutzen.

An der *Charing Cross Station* begann Foggs Reise um die Welt. Nach wie vor starten hier die meisten Züge zu den Kanalfähren.

Folgende Seiten: Für den heutigen Reisenden auf Jules Vernes Spuren beginnt die Bahnfahrt mit dem *Eurostar* am Londoner *Waterloo International.*

Die Stimmung in dem Großraumwaggon ist gelockert, und Stimmen schwirren in vielen Sprachen von Reihe zu Reihe. Die Reisenden stammen aus vielen Ländern. Keiner hat anscheinend die Zeitungsmeldung des vergangenen Tages ernstgenommen, in der berichtet wurde, daß der *Eurostar* mitten im Tunnel abgebremst worden war, da die Kontrollsysteme einen Bremsfehler gemeldet hatten. Drei Stunden dauerte der ungewollte Tunnelaufenthalt, die meisten Reisenden wurden über den Service-Tunnel evakuiert. Wir denken lieber nicht an derartige Zwischenfälle und vertrauen auf die neue Technik. Schließlich wäre ein Aussteigen mit rund achtzig Kilo Gepäck kein Spaß.

Die Sitzreihen in der zweiten Klasse sind so dicht verschraubt, daß Reisende mit langen Beinen ihre Knie hinter die Lehne des Vordersitzes klemmen müssen. In der »guten alten Zeit« fuhr man in der zweiten Klasse komfortabler. Obwohl nur Plätze mit kombinierter Reservierung verkauft werden, waren bereits zwei Tage im voraus die Morgenzüge ausgebucht.

Mit leichtem Gepäck auf die weite Reise

An Gepäck haben wir uns, soweit dies sinnvoll schien, auf das Notwendigste beschränkt. Rund dreißig Kilogramm wiegt die Fotoausrüstung: zwei Leica Kameras, Objektive von 21 bis 280 Millimeter Brennweite, ein solides Stativ für Aufnahmen bei wenig Licht, ein Wechselsack für die Reparatur kleiner Pannen und achtzig Filme sind in zwei Taschen und der Stativhülle untergebracht.

Für unsere persönlichen Dinge muß jeweils ein Koffer mit zwanzig Kilo Gewicht ausreichen. Die Kleider haben wir für warmes Wetter ausgewählt, der Vorrat reicht für zehn Tage, die wollen wir auch ohne Hemdenwaschen auskommen. Schließlich runden gut zehn Kilo Literatur, zwölf Schreibhefte, Ferngläser und Kleinkram bis hin zur Taschenlampe für ägyptische Grabbesichtigungen unser Gepäck ab, so daß wir auf insgesamt stattliche achtzig Kilogramm kommen. Die können wir, wenn keine Träger aufzutreiben sind, notfalls gerade noch selbst rollen und tragen.

Im *Eurostar* kann der Reisende große Gepäckstücke, ähnlich wie bei ICE-Zügen, in Boxen neben den Eingängen unterbringen. Taschen und kleinere Koffer passen in die Ablagen über den Sitzen. Wie beim Flugzeug sollte man nicht zu spät kommen, da dann der Stauraum knapp wird.

Schließlich rollt der Superzug durch Industrie und Zweckbauten der Londoner Vororte. Das ist so wenig erbaulich wie überall in den Großstädten. Das Tempo ist anfangs gemächlich, da das englische Schienennetz noch nicht für Hochgeschwindigkeitszüge ausgebaut worden ist. Der *Eurostar* benötigt bis Falkstone nicht viel weniger Zeit als frühere Dampflokomotiven.

Das Reisetempo ändert sich sofort, als der Expreß in die Tunnelröhre einfährt. Zwanzig Minuten braucht der *Eurostar* für die rund vierzig Kilometer lange Tunnelstrecke. Nichts verrät dem Reisenden, daß er unter Schiffen, Wasser und Schlick den Ärmelkanal unterfährt. Die Ansage des Zugführers auf englisch und französisch bleibt nüchtern sachlich. Zahlen und Tempi gibt er durch, als seien es Börsennotierungen. Keine Emotion schwingt mit über die neue Landverbindung, die nun das Vereinigte Königreich aus der »splendid isolation« ihrer Insellage »erlöst« hat. Die Brasilianer, Canadier und Amerikaner in den benachbarten Sitzreihen schauen nicht einmal von ihrer Lektüre auf, so als führen sie mit der Metro durch ihre Heimatstadt.

Gleich nach dem Auftauchen aus dem dunklen Tunnel in das gleißende Licht der Ebene von Calais nimmt der Zug seine vorgesehene Marschgeschwindigkeit auf. Die Bordlautsprecher verkünden, nun zuerst auf französisch: »Wir fahren jetzt 300 Kilometer in der Stunde.« Kein Rattern und Ruckeln beeinträchtigt die rasche Reise. Drei Stunden nach dem Start in London rollt der *Eurostar* im *Gare du Nord* von Paris ein. Auch hier wollen wir der Spur von Phileas Fogg und Passepartout folgen. Jules Verne ließ den Diener knapp und enttäuscht über den kurzen Aufenthalt an späterer Stelle dem Detektiv Fix berichten:

»Stellen Sie sich das einmal vor, lieber Herr: ich war der Überzeugung, wir würden keine Meile weiter reisen als Paris. Die herrliche Stadt! Ich habe sie ganz genau von sieben Uhr zwanzig morgens bis acht Uhr vierzig bewundern können, nämlich von dem *Gare du Nord* zum *Gare de Lyon* – und erst noch durch die Fenster einer Pferdedroschke … bei strömendem Regen! Jammerschade! Wie gerne hätte ich den Père-Lachaise und den Platz der Champs-Elysées wiedergesehen.«

3208
eurostar

In Paris auf Spurensuche

Wie vor 123 Jahren treffen die Züge vom Kanal am Pariser *Gare du Nord* ein, auch der *Eurostar* endet hier.

Auf der raschen Kutschfahrt zur Weiterreise vom *Gare de Lyon* sahen Phileas Fogg und Diener Passepartout den Platz der Republik noch ohne das erst später aufgestellte Standbild der Marianne.

Folgende Seiten: Die *Place de la Bastille* war ein weiterer Punkt bei Foggs Paris-Durchquerung. Rechts im Foto die neue Oper.

Das bedeutet, in einer Stunde und zwanzig Minuten sind die Helden des Romans vom *Gare du Nord* über den Boulevard Ring zum *Gare de Lyon* mit der Droschke gefahren, um fix den nächsten Zug nach Italien zu erreichen.

Wir nehmen uns mehr Zeit und gehen diese Strecke zu Fuß ab. Wir suchen nach Spuren. Auf dem Boulevard de Magenta rollt der Verkehr wie gewöhnlich, doch ohne Staus auf allen Fahrbahnen.

Erst der Platz der Republik lohnt einen kurzen Aufenthalt. Vor dem Symbol der französischen Republik, dem Standbild der einen Lorbeerzweig hoch haltenden Marianne, dreht sich ein bereits illuminiertes Karussell. Drei weitere, ebenfalls überlebensgroße Frauenplastiken zieren den Sockel der Skulptur und stellen »Freiheit, Gleichheit und Brüderlichkeit« dar. Schließlich künden Inschriften auf Metalltafeln von den Schlachten Frankreichs auf dem Weg zur Republik. Auch das Entstehungsjahr wird genannt. »Per la gloire de la Republique Francaise-La ville de Paris 1883«. Auch bei guter Sicht und größerem Interesse hätte also Phileas Fogg das Standbild noch nicht entdecken können.

Der weitere Bummel über die Boulevards du Temple, Boulevards des Filles-du-Calvaire und den Boulevard Beaumarchais führt zur Bastille, dem ebenfalls von einer hohen Säule, der *Colonne de Juillet* beherrschten Platz. Die »Julisäule« erinnert an die Gefallenen der Julirevolution im Jahr 1830. Damals wurde König Karl X. gestürzt und Louis Philippe durch Kammerbeschluß zum »Bürgerkönig« berufen. Die Bastille, bekannt durch den Sturm der Revolutionäre im Jahr 1789, war die letzte Bastion der Stadtbefestigung während der Monarchie und ein Verlies für mißliebige Untertanen des Königs. Nach der Befreiung der Gefangenen töteten die Revolutionäre am 14. Juli 1789 die Wachen und zerstörten in der Folgezeit die verhaßte Burg.

Heute wird der Platz von einem neuen Gebäude, der *Opéra de la Bastille* geprägt. Das 1989, also genau zweihundert Jahre nach der Revolution, fertiggestellte, architektonisch interessante Haus, ist jetzt die erste Pariser Opernbühne. Die prunkvolle alte *Garnier Oper* am Place de l'Opéra muß sich seitdem hauptsächlich mit Ballettaufführungen begnügen.

Die »Julisäule« hätte auch den belesenen Mr. Fogg interessieren können. Sie wurde 1840 errichtet. Doch Fogg war, wie wir aus der Beschreibung wissen, nur am raschen termingerechten Weiterkommen interessiert. Wir hingegen genießen den Platz von einem der angrenzenden Straßencafés aus. Mit einem Aperitif stoßen wir auf das Gelingen »unserer« Weltreise an. Wir werden dies bei vielen kommenden Stationen ebenso machen.

Fünf Minuten hinter der Place de la Bastille stößt man bereits auf den *Gare de Lyon*. Hier tranken Jules Vernes Weltreisende vermutlich noch einen Morgenkaffee, ehe sie in den nicht näher definierten Zug nach Italien kletterten. Überhaupt zeichnete der Autor die Spur bis Suez nur noch dünn. Italien ließ er aus. Nur das Schiff von Brindisi nach Suez wurde beim Eintreffen in Suez näher beschrieben. Für die Weiterreise kann Phileas Fogg den später so berühmten Orient-Expreß noch nicht benutzt haben, denn im Überblick über die Geschichte des Orient-Expresses können wir nachlesen:

1845 Georges Lambert Casimir Nagelmackers erblickte das Licht der Welt.

1864 George Mortimer Pullman konstruierte den ersten Schlafwagen – eine geniale Fehlkonstruktion!

1872 gründete Nagelmackers seine *Compagnie des Wagons-Lits.* Er verfügte inzwischen über fünf eigene Wagen.

1873 Die Familie entzog ihm ihre finanzielle Unterstützung. Nagelmackers fand in Colonel William d'Altone Mann einen neuen Partner. Die Firma bekam ihren Hauptsitz in London und hieß ab diesem Zeitpunkt *Manns Railway Sleeping Carriage Co. Ltd.*

1876 Nagelmackers wurde wieder sein eigener Herr. Die Neugründung der Compagnie erfolgte postwendend. Sie bekam den Namen *Compagnie internationale des Wagons-Lits.*

1883 Am 17. Mai wurde endlich der Gesamtvertrag mit allen Einzelheiten ratifiziert. Unter der amtlichen Bezeichnung *Train Expreß d'Orient* ist er auf dem Papier geboren, der berühmteste Zug aller Zeiten. Am 5. Juni fand die erste fahrplanmäßige Fahrt statt, allerdings noch ohne große Einweihungsfeierlichkeiten. Die offizielle Jungfernreise am 4. Oktober mit 40 handverlesenen Gästen wurde dagegen mit großem und stilvollem Aufwand begangen und gefeiert.

Marches
23

Vom *Gare de Lyon* starten die Züge auch nach Mailand und Venedig, den nächsten Stationen der Weltreisenden. Während die regulären Nachtzüge normalen Komfort bieten, rollen in der Ferienzeit auch die Luxuswaggons des traditionellen *Orient-Express*.

In Mailand gehört der Spaziergang auf dem Dach des Doms zu den unvergeßlichen Reiseerlebnissen (rechtes Bild).

Folgende Seiten: Der *Milano Centrale* wird von Italienern gelegentlich mit einer Kathedrale des Verkehrs verglichen.

Der *Train Expreß d'Orient* startete demnach erst elf Jahre nach Foggs Reise um die Welt. Die Weltenbummler können also noch nicht diesen Zug benutzt haben. Wir suchen nach einer direkten Zugverbindung nach Mailand und Venedig und erfahren auf dem *Gare de Lyon*, daß der Nachtzug No. 223 Paris-Venedig als *Orient-Express* geführt werde, obwohl es aus besonderen Anlässen auch noch den historischen Expreß mit alten Waggons gebe. Der *223* und der zwei Stunden später fahrende Schlafwagenzug bis Mailand sind derzeit die günstigsten Verbindungen von Paris nach Mailand oder Venedig. Hier wird der Weltreisende auch seine Plätze buchen. In der Reisezeit sind die Betten frühzeitig verkauft, es heißt also, noch früher zu planen als die meisten Urlauber.

Wir verschieben noch einmal unsere Weiterfahrt, da wir ein wenig Pariser Luft schnuppern wollen und einige der zahlreichen Sehenswürdigkeiten anschauen möchten. Wir quartieren uns in einem betagten wie typischen Pariser Hotel im achten Arrondissement ein. Schließlich fällt es selbst dem Kundigen schwer, einen Rat zu erteilen, was der Weltreisende in zwei Tagen unternehmen solle. Die persönlichen Tips sind also nur eine – von vielen möglichen – Anregungen.

Morgens fährt man mit der Metro Linie 12 Richtung *Porte de la Chapelle* bis zur Station *Abbesses*. Das ist eine der alten Linien über Montmartre mit Waggons, die aussehen, als hätten sie bereits siebzig, achtzig Jahre Laufzeit hinter sich. Vom Perron in *Abbesses* gibt es keine Treppen, sondern nur einen geräumigen Fahrstuhl hinauf auf den Platz. Die Geleise liegen tief im Montmartre. Obwohl ab mittags von Touristen – wie fast überall in Paris – stark bevölkert, macht der morgendliche Spaziergang Spaß. Man geht durch die typischen engen Gassen mit vielen, kleinen Läden. In Pantoffeln und Morgenrock schlurfen einige zum Bäcker zum Kauf des ersten Baguettes. Souvenirgeschäfte stellen Postkartenständer auf die Straße. Im Café schlürfen erste Gäste über die Zeitung gebeugt ihren Milchkaffee.

Der Fremde klettert die zahllosen Stufen hinauf nach *Sacre Coeur*, dem Wahrzeichen Montmartres, ja einem Symbol der ganzen Stadt. Wenn auch die ab 1876 im romanisch-byzantinischen Stil errichtete Basilika uns stark an Zuckerbäckerarchitektur erinnert, so bieten die Stufen zum Portal einen der weitesten Rundblicke über Paris. In der Kirche wird man Zeuge inniger Frömmigkeit der Pilger und Besucher. Das steht in Zusammenhang mit der Geschichte der neuen Basilika:

An der Stelle der früheren Benediktinerabtei gelobten im Kriegsjahr 1870 eine große Anzahl von Pariser Katholiken, hier eine neue, große Kirche zu errichten. Sie nannten sie *Sacre Coeur*, das heilige Herz (Jesu). Der Name sollte Ausdruck tiefster Innerlichkeit sein und den Willen zur Besinnung an dieser Stelle dokumentieren. Die Monstranz über dem Hochaltar birgt das Brot, das während der Heiligen Messe in den Leib Christi verwandelt wird. Seit dem Jahr 1885 knien hier die Gläubigen ohne Unterbrechung zum Gebet. Ja selbst in den Nächten versehen einige Männer diesen »Heiligen Dienst«.

Hinter der Basilika liegt die alte, romanische Klosterkirche. In ihr herrscht die Stille, die man sich für ein Abschiedsgebet wünschte. Nur gelegentlich schauen Fremde herein, da die meisten ausschließlich die große, stets von Betenden frequentierte Basilika besuchen.

Von der Klosterkirche biegt man um die nächste Hausecke, und schon steht man auf der Place du Tertre, dem Herzen Montmartres und dem Zentrum vieler touristischer Aktivitäten. Bei gutem Wetter speisen die Fremden dicht gedrängt auf dem von Restaurants abgeteilten Platz. Hier ist es bunt, laut und so recht nach dem Geschmack von vielen. Doch auch hier gibt es ruhigere, gute Bistros. So serviert *Chez Plumeau*, nur um die Ecke zum *Dali-Museum* gelegen, leckeres Essen, ohne den Trubel. Derweilen spielt ein bärtiger Kontrabassist verhalten einige sentimentale Stücke.

Wir verbinden den Ausflug auf den Montmartre mit der bereits skizzierten Spurensuche von Phileas Foggs Aufenthalt. Zu Fuß wandern wir den langen Weg erneut zum *Gare du Nord* und weiter über den Boulevard de Magenta, die Place de la Republique und die Bastille bis zum *Gare de Lyon*. Dort stärken wir uns nach dem langen Marsch mit einem großen Bier vom Faß.

Eine halbe Stunde vor der Abfahrt wird der Nachtzug nach Venedig auf Gleis 19 bereitgestellt. An diesem Abend drängen sich Scharen von Italienern, die auf der Heimreise sind, mit Touristen aus aller Welt. Japaner, Franzosen, Amerikaner sprechen in lauten Rufen durcheinander, bis jeder seinen Schlafwagenschaffner gefunden hat, der die Aufgeregten, ebenso wie die Lässigen in die Kojen einweist. Die Schaffner sind besonders gut geschult und höflich. Die Abteile sind sauber und entsprechen dem gewohnten europäischen Standard. Es gibt zwar keine Kristallüster, Samt und Spitzen wie beim historischen *Orient-Express*, dafür rattern die Waggons sicherlich weniger als die alten.

12
DIR
12
3
L'INFORMAZIONE

14
ANCONA
BORSCI
SALA REALE

Mailands Herz schlägt zweimal

Wie häufig in Europa beginnt Mailands eigentliche Geschichte mit einer keltischen Stadt, die von den Römern rund zweihundert Jahre vor der Zeitenwende erobert worden ist. Später, um 50 v. Chr. erhielt die mittlerweile Mediolanum genannte Stadt römische Bürgerrechte und gewann als Straßenknotenpunkt und kulturelles Zentrum an Macht. Seine heutige Bedeutung verdankt Milano dieser zweitausendjährigen Tradition. Durch Bischof Ambrosius kam die Rolle als kirchliche Metropole hinzu. Wirtschaft, Kirche und Kultur sind die bestimmenden Kräfte bis in die Gegenwart.

Im fünften und sechsten Jahrhundert zerstörten und besetzten Hunnen, Ostgoten und Langobarden die Stadt. Rund vierhundert Jahre gehörte Mediolanum zum fränkischen Reich. Die Loslösung und Durchsetzung einer eigenen Verfassung war mit jahrzehntelangen Kämpfen verbunden. Aus dem Geschichtsunterricht sind den meisten noch die Kriege der Staufer gegen die aufmüpfige und stets neue Allianzen knüpfende Kommune bekannt. Barbarossa und Friedrich II. zerstörten Mailand und ließen es nach dem Friedensschluß wieder aufbauen. Aus dieser Zeit stammen die heute noch sehenswerten frühen Kirchen, dazu zählen *San Ambrogio* und *San Babila.* Das bekannteste Mailänder Bauwerk, der *Dom,* geht auf eine Initiative des damaligen Erzbischofs Antonio II. im Jahr 1385 zurück.

Zwei starke Herrschergeschlechter bestimmten im Mittelalter die weiteren Geschicke. Anfangs die Visconti und ab 1450 die Sforza. Eine Tochter des letzten Visconti-Herzogs heiratete den Condottiere Francesco Sforza. Unter den Sforza, insbesondere unter Ludovico – genannt Il Moro –, schufen bedeutende Künstler der Renaissance wie Leonardo da Vinci und Bramante Werke, die zu den Sehenswertesten gehören. Leonardos Abendmahl wird gerade mit Millionenaufwand restauriert, weil sich der Meister nicht an die Naß-in-naß-Freskotechnik gehalten hatte und sein Werk vom vollständigen Zerfall bedroht ist.

Der Weltreisende, der nun bald Abschied von Europa nehmen wird, kann in Mailand Seele und Geist noch einmal so richtig mit kulturellen Genüssen auftanken. Das braucht nicht unbedingt nur die Kunst vergangener Zeiten zu sein, im *Palazzo Reale* neben dem *Dom* zeigt man im raschen Wechsel Ausstellungen führender moderner Künstler. Bei unserer Ankunft hängen gerade die Vergrößerungen des Fotografen Richard Avedon auf unverputztem Mauerwerk des betagten Palastes.

La *Galleria* in Mailand, von König Vittorio Emanuele II. Ende des 19. Jahrhunderts geplant, gehört zu den schönsten Kaufpassagen Europas.

Wer mit dem Wagen in den inneren Stadtbezirk hineinfahren möchte, sollte die Reservierungsbestätigung des hier gelegenen Hotels dabeihaben, denn die Polizei ahndet das Fahrverbot für Nichtberechtigte mit kräftigen Bußen. Gleich am Domplatz in der Via Spadari haben wir in einem der bestgeführten Hotels Platz gefunden. So ist es jeweils nur ein Bummel von wenigen Minuten zu den Zielen unseres Interesses, denn hier schlägt das Herz der lombardischen Hauptstadt zweimal.

Zum einen im kirchlichen Zentrum, im Dom *Santa Maria Nascente.* Die im fast quadratischen Maß von 68 Meter Breite und 62 Meter Höhe errichtete Fassade ist zu Recht die wohl am meisten bewunderte Front des Gotteshauses. Die Westseite ist Wahrzeichen Mailands und vermutlich die am häufigsten fotografierte Sicht.

Nach *Sankt Peter* in Rom ist der *Mailänder Dom* mit knapp zwölftausend Quadratmetern Grundfläche der zweitgrößte Kirchbau in Europa. Bis in unser Jahrhundert, also mehr als 800 Jahre lang, haben Steinmetze und Maurer an dem prächtigen Gotteshaus gearbeitet

Der Besucher wird, kaum daß er das Innere betritt, von dem gewaltigen, fast 2[illegible]0 Quadratmeter messenden mittleren Chorfenster gefangengenommen. Filippino de gli Organi entwarf um das Jahr 1400 die Bildfolge der Heilsgeschichte, in die sich der Interessierte lange und immer wieder versenken kann. Man spürt, daß man hier im geistlichen Zentrum steht, nicht nur an Feiertagen, auch bei den täglichen vielen Gebeten schlägt hier Mailands Herz.

Doch das Herz dieser vitalen dem Handel und Erfolg eng verschriebenen Stadt, klopft nicht weniger heftig ganz in der Nähe noch einmal. Nur einen Steinwurf vom *Dom* entfernt steht sein weltliches Pendent, die von Savoyen-König Vittorio Emanuele II. initiierte *Galleria.* Schon der kolossale Triumphbogen dokumentiert als Portal einen ebenbürtigen Anspruch zum Eingangsportal von *Santa Maria Nascente.* Im Innern finden sich weitere Parallelen. Die kreuzförmig aus vier Passagen bestehende Galleria wird am mittleren Schnittpunkt von einer enormen Glaskuppel gekrönt. Exakt, und wie es heißt beabsichtigt, sind Form und Ausmaß der Kuppel der des *Peterdoms* in Rom nachgebildet.

Vergleichbar mit den Gezeiten schwappt der Strom der Menschen durch den von Restaurants, Büros und Ladengeschäften flankierten Kreuzgang. Die Galleria ist ein Gehäuse für Geschäfte und Begegnungen. Morgens öffnet als erster

sestante
sestante
Il Salotto

Camparino. Bereits ab sieben Uhr stärken Bar und Café einige Frühaufsteher, die über die Marmorplatten laufen und im Vorbeigehen den ersten frischen Kaffee schlürfen. Eine Stunde später reißt der Strom der Angestellten nicht ab. Die meisten eilen von der Metrostation *Piazza del Duomo* durch die elegante Passage zur *Piazza delle Scala*. Kaum einer von ihnen hat Zeit, um die in Reihen auf Käufer wartenden Neuerscheinungen der Buchläden zu würdigen. Das ändert sich erst gegen zehn Uhr, wenn Schüler und Touristen mit farbenfrohen Rucksäcken beladen die *Galleria* in Besitz nehmen. Laut und ungestüm trotten die Ragazzi von einem Geschäft zum nächsten. Viele bleiben erstmal im Eiscafé in der Mitte hängen.

Andere erscheinen nach kurzer Suche mit Tüten und Poster-Rollen bestückt ebenfalls im Eiscafé. Erst gegen mittag wandelt sich das Bild erneut. Je nach Jahreszeit flanieren dann die Damen der Mailänder Gesellschaft im Pelz oder Kostüm auf und ab, treffen weitere Bekannte und kehren wie im Vorbeigehen zu einem Kaffee oder Aperitif ein. Etwas später sind es meist Geschäftsleute und bessergestellte Touristen, die sich in einem der Restaurants zum recht guten Essen bei entsprechenden Preisen niederlassen. Die Geschäfte werden weiter erörtert, Stadtführer eingehend studiert.

Die Auf-und-ab-Flanierenden, selber Akteure des Corso, bilden ungewollt die sich ständig verändernde Kulisse für die Sitzenden. Neue Klienten strömen am späten Nachmittag durch die *Galleria* in die Geschäfte. Viele von ihnen erstehen auf dem Nachhauseweg noch ein paar Kleinigkeiten, etwas Süßes, eine Zeitschrift oder eines der Bücher. In den zahlreichen Buchläden ist die Auswahl breit gefächert. Die Mietpreise in der *Galleria* werden von der Stadt als Eigentümerin auf einem Niveau gehalten, daß auch Läden mit »geistiger Nahrung« ein Auskommen finden können. Sonst würden voraussichtlich in kürzester Zeit die üblichen Modeboutiquen vorherrschen.

Den ganzen Tag fallen unentwegt Turnschuhtouristen bei *Burghy* ein, sitzen dort in dichten Gruppen, mampfen Hamburger und trinken wie überall Cola aus großen Pappbechern. Zum Abschluß des Tages erscheinen noch mal gut zahlende Gäste. Nach den Aufführungen in der *Scala* treffen sich Opernbegeisterte zum Essen oder einem Plausch bei Bier und Wein. Die *Galleria* versinkt bald darauf in nächtlicher Ruhe. Patroullierende, schmuck uniformierte Polizisten sorgen dafür, daß die elegante *Vittorio Emanuele II. Galleria* nicht zum Nachtasyl degradiert wird.

Beim Bummel durch Mailands Zentrum und insbesondere durch die *Galleria* und den *Dom*, aber ebensosehr bei den Gängen durch weniger prägnante Teile der Stadt, haben wir es genossen, in Europa zu sein. Wir wissen, daß auf der weiteren Reise die Eindrücke und Erlebnisse anders und weniger vertraut sein werden. Milano ist nicht nur einen Abstecher, sondern eine Reise wert.

Nach kurzer Taxifahrt stehen wir in der Einfahrt der *Statione Centrale,* laut Auskunft des Stadtführers ein besonders sehenswertes Gebäude. Der *Milano Centrale* gehört zu den größten Kopfbahnhöfen Europas und verblüfft durch die Architektur. Typisch für die Entstehungszeit, anfangs unseres Jahrhunderts, vereint die Imponierarchitektur Elemente des Neoklassizismus mit denen des Jugendstils. Diesem Bahnhof ist alles zuzutrauen, hatten wir gelesen, morgen könne die Eisenbahn-Kathedrale auch als Ersatz für den *Dom* dienen.

Im Bahnhofsinneren blenden polierte, schön gemusterte Marmorplatten. Der Betrieb ist um die Mittagszeit nicht allzu hektisch. Die Größe der Halle überwältigt uns nicht, denn schließlich ist der vertraute Frankfurter *Hauptbahnhof* nicht kleiner. Wir sind wieder auf den Spuren all jener Bahnreisenden, die im Stil von Jules Vernes Geschichte per Eisenbahn warteten. Über Venedig wollen wir mit einem Frachtschiff Alexandria erreichen, dort wird das eigentliche Abenteuer beginnen. Der italienische D, der *Superrapido*, rollt trotz des zur Schnelligkeit verpflichtenden Namens recht gemächlich. Die Po-Ebene streckt sich im eintönigen Grau zu beiden Seiten der Schienen. Zwei junge Mitreisende in unserem Coupé besitzen weder Fahrkarten noch Geld. In einer zwanzigminütigen Prozedur füllt der Kontrolleur einen Satz Formulare aus, auf denen sich die Rucksackreisenden verpflichten, den Fahrpreis rasch an die Bahnverwaltung zu überweisen, anderenfalls werde sich die Polizei der Forderung annehmen.

Venedigs Vororte Marghera und Mestre werden von düsteren Lagerhallen, verrußten Industrieanlagen und recht trostlosen Wohnblocks bestimmt. Erst nach Abfahrt aus dem Bahnhof von Mestre, bei der Überfahrt auf dem Deich neben der Ponte della Libertà zur Inselstadt verändert sich das Licht. Der Geschmack von Seewasser stellt sich ein. Die viel bewunderte, oft gepriesene, aber ebensooft kritisierte Lagunenstadt taucht auf.

Venedig: Die morbide Schöne

Auf jeder Fahrt nach Venedig stellen sich ähnliche Gedanken ein. Was macht den Reiz der vom Verfall gefährdeten Stadt aus? Wieso entstand gerade hier, im mückenverseuchten Lagunengebiet der nördlichen Adria, mit flachen, durch sich ständig verändernden Schwemmsand unsicheren Wasserwegen, die größte Seemacht des frühen Mittelalters. Warum gerade hier?

Den Schlüssel findet man, wie so häufig, in der Geschichte. Eroberungen der Hunnen und Germanen bedrohten die Existenz der Seestädte. Aus Sicherheitsgründen verlegte man den Bischofssitz auf die Insel Torcello in der Lagune. Vorher war die Handels- und Bischofsstadt Aquileja gefallen. Die nur Einheimischen bekannten Sümpfe der Brackwasser und die wenigen Passagen von See schützten die Veneter. Im Jahr 811 verlegte man den Sitz des Dogen, der seit 742 von den Seetribunen zum Oberhaupt gewählt wurde, nach Rialto. Der Kern der historischen Stadt ist den meisten Besuchern durch die Rialto-Brücke bekannt, der schönsten Brücke über den Canal Grande, vor vierhundert Jahren von Antonio Da Ponte entworfen. Zur gleichen Zeit, nachdem die Franken die Langobarden auch aus Venetien verdrängt hatten, bestätigte Karl der Große den Anspruch Ostroms auf Venedig. Die Stadt erhielt Rechte für den freien Handel, und der Aufstieg des Inselstaates begann. Zudem trugen Kaufleute zur Bedeutung bei. Die legendenumrankte Verbringung der sterblichen Überreste des Evangelisten Markus von Alexandrien nach Venedig brachten der Stadt einen »eigenen« Heiligen, und mit dem geflügelten Markuslöwen ein bald überall bekanntes Stadtsymbol. Mit dem Bau an der *Basilica di San Marco* wurde gleich begonnen, doch die erste Kirche brannte bereits rund hundert Jahre später nieder. Die heute so viel bewunderte prächtige Basilika ist bereits der dritte, ein zwischen 1063 und 1094 errichteter Bau.

Einige Passagen aus den Annalen Venedigs lesen sich wie ein Kriminalroman. Mit Geld, Macht und List dehnten die Dogen ihren Einfluß von den Alpen bis Zypern aus. Im fünfzehnten Jahrhundert zählte man 190.000 Einwohner. Sie

Die *Punta della Dogana* war die frühere venezianische Zollstation am *Bacino di San Marco,* an der die Schiffe kontrolliert und abgefertigt wurden. Heute liegen hier im Sommer die großen Hochseejachten der wohlhabenden Eigner aus vielen Ländern.

Folgende Seite: Der Rundblick vom Campanile an der *Piazza di San Marco* reicht bei guter Sicht von Venedigs Dogenpalast bis zu den Alpen.

Paläste flankieren den *Canal Grande* und gestalten die Fahrt mit Vaporetto oder Gondel stets aufs Neue zu einem Augenschmaus. Hier, neben anderen, der Palazzetto Contarini-Fasan, in dem Desdemona gelebt haben soll.

war die größte Stadt Italiens, die es verstand, aus fast allen politischen Bewegungen, wie den Kreuzzügen, Kapital zu schlagen oder – wie nach dem Fall Konstantinopels – sich mit den Osmanen zu arrangieren. Venedigs Bedeutung wuchs ihr aus dem Handel zu. Das östliche Mittelmeer war einige Zeit ein *mare nostrum* der Dogenrepublik. Für einen Weltreisenden bietet sich kein günstigerer Platz für den Start nach Ägypten.

Jedesmal nach der Ankunft am Bahnhof *Santa Lucia* oder an der *Piazale Roma* steht der Reisende vor der Frage, soll er sich mit dem Gepäck von der *Vaporetto-Anlegestelle* über viele Gassen und Brücken bis zum Hotel abbuckeln oder kann er sich ein sündhaft teures Bootstaxi leisten. Der Preis für die verführerisch schöne Taxifahrt entspricht dem für ein gutes Abendessen von zwei Personen. Regen nimmt uns die Entscheidung ab. Während dicke Tropfen über die Scheiben der Kabine ins brackige Wasser rutschen, ziehen Palazzi und Wohnhäuser wie bei Filmaufnahmen vorbei. Zwischendurch prangt im frischen Putz ein Neubau, in den erst kürzlich Büros eingezogen sind. An zahlreichen alten Gebäuden wird restauriert, doch im Rotbraun neuer Fassaden blüht nach kurzer Zeit erneut Salpeter aus, weiß, wie ein Geschwür. Die Sanierung könnte in vielen Fällen erneut beginnen, nachdem sie vorgestern erst abgeschlossen worden ist.

Heute würden die griechischen Götter Sisyphus zur nie endenden Arbeit in Venedig bestrafen. Wie bekannt, hatten sie ihn für seine Verschlagenheit, bei der er sogar den Tod überlistete, dazu verdammt, einen gewaltigen Felsbrocken auf einen Berg zu wälzen, von dem der Stein jeweils wieder hinabrollte, so daß Sisyphus nach der vergeblichen Mühe erneut beginnen mußte. Solch eine Sisyphusarbeit ist die Sanierung der zerfallenden Stadt.

Die Ursachen für Venedigs Misere sind seit langem bekannt. Allzulange haben die meisten gesündigt: beim Bau der Wasser wie Luft verpestenden Industrieanlagen in Mestre und Marghera. Bei der Begradigung der sich einst selbstreinigenden Kanäle und Fahrrinnen, beim Bau von immer mehr Herbergen und anderen für die Touristen konzipierten Anlagen. Die Fremdenindustrie erschien den Verantwortlichen von Stadt und Region als der willkommene Rettungsanker für die inzwischen weiter zerbröselnde Lagunenstadt. Doch allzulange sind die Erfordernisse des Umweltschutzes verdrängt worden. Und heute gleicht Venedig in manchen vielbesuchten Bezirken bereits einem Disneyland. Derweilen hat sich die einheimische Bevölkerung in den vergangenen hundert Jahren fast halbiert. Die Jüngeren ziehen immer häufiger nach Mestre, Verona oder Mailand, wo sie auf größere Erfolgschancen hoffen.

Trotz alledem ist Venedig eine morbide Schöne. Das macht wohl einen Teil der Faszination aus und trägt dazu bei, daß Tag-für-Tag und zu allen Jahreszeiten die Besucher in Scharen in die Altstadt strömen. Gibt es woanders vergleichbare Schritt-für-Schritt einprägsame Eindrücke?

Besonders dann, wenn die Sonne die noch regennassen Fassaden und spiegelnden Mosaiken auf dem Markusplatz blendend aufleuchten läßt. Wenn die Gondeln im mittäglichen Gegenlicht vor der Kulisse von *San Giorgio Maggiore* auf dem leicht bewegten Wasser auf und ab tanzen. Wenn der graue Spuk eines Regentiefs weggeweht worden ist und die Stadt wie frisch gewaschen erstrahlt. Wenn sich im Frühjahr oder Herbst die Alpenketten föhnklar über der Lagune abzeichnen. Dann bilden die Gebäude am Canal delle Giudecca eine wirklich herzbewegende Wasserfront, die man nicht vergißt.

An einem klaren Morgen wie diesem sollte man die Stadt per Boot erkunden. Unser erstes Fahrtziel führt uns zu den alten Hafenbecken, vorbei an der *Statione Maritima*. Heute hat statt eines Passagierschiffes eine taubengraue norwegische Fregatte festgemacht. An der *Banchina di San Basilio* legten früher in kurzer Folge die Passagierdampfer an. Im Liniendienst waren alle großen Häfen des Orients und Nordafrikas mit Venedig verbunden. Von hier starteten wir zu unseren ersten Fahrten nach Ägypten, damals als der *Käfer* noch an Gurten hängend auf Deck des Schiffes der *Adriatica* gehieft wurde.

Das Flaggschiff der *Adriatica* finden wir an der Kopfmole zwischen den sogenannten alten Hafenbecken. Armdicke Taue erwecken den Eindruck, als habe man die *Egitto Express* wortwörtlich an die Leine gelegt. Nur drei Frachter entladen an den einst prall besetzten Kais vor den Lagerschuppen, denn die neuen Hafenanlagen in Marghera haben den Frachtverkehr an sich gezogen. Der Containerterminal schlägt die Waren viel schneller um, als es die Ladekräne mit den von Schauerleuten per Hand eingehängten Gebinden jemals schaffen.

In Marghera haben die *Port Authority of Venice* mit verschiedenen Partnern die VECON, das *Venice Container Terminal* gegründet. Englische, Schweizer und italienische Transportgesellschaften gehören zu den Gesellschaftern. Laut Katalog der VECON sind die Ziele des Unternehmens Ausbau und Modernisierung des Hafenservices zum bestmöglichen Preis. Die Verdoppelung des Containerumschlags ist das Ziel für die kommenden Jahre. Im harten Wettbewerb mit anderen modernen Häfen erhofft man sich durch die Liberalisierung des Handels mit Osteuropa hier gute Marktchancen. Die Marketingabteilung der VECON ist letztlich (bis zum Entstehen einer italienischen Frachtschiffreisenagentur) der Ansprechpartner für Weltenbummler, die unbedingt per Schiff von Venedig aus nach Ägypten fahren wollen. Sehr viel Verständnis besteht jedoch nicht, da kostengünstige Flüge für italienische Reiseunternehmen viel bequemer zu verkaufen sind. Nach vielen Gesprächen findet sich ein Frachter, der in einigen Tagen nach Alexandrien auslaufen soll und dessen Reeder auch zur Mitnahme von zwei Weltenbummlern bereit ist.

Uns bleibt Zeit, den Abschied von Europa noch mal ein wenig hinauszuschieben und Venedig unbeschwert zu genießen. Wir wohnen im Stadtteil Dorsodoro in einer Pension unweit der *Basilica della Salute*. In dieser Gegend geht es viel ruhiger zu als in San Marco auf der gegenüberliegenden Seite des Canal Grande. Auch die Preise sind moderater als im von Touristen am häufigsten besuchten Zentrum. In kleinen Cafés trinken mehr Einheimische als Fremde Kaffee oder Wein. Es fehlen Schnellimbißstuben und die in Reihe angesiedelten Boutiquen und Souvenirläden. Abends stolpert man nicht über Trauben lärmender Jugendlicher. Mit etwas Glück kann man am Ufer der Fondamenta delle Zattere einsam bummeln, während die Lichter von Guidecca über das Wasser des breiten Kanals tanzen.

Eine klassische Gemäldesammlung mit berühmten Bildern alter Meister bietet die *Galleria dell Accademia.* Und ebenfalls in *Dorsoduro*, einen größeren Kontrast gibt es kaum, überrascht die *Peggy Guggenheim Collection* mit hervorragenden modernen Bildern. Die begeisterte Sammlerin, mit so viel Gespür für die moderne Kunst, lebte bis zum Tod im Jahr 1979 in Venedig. Neben ihrem Grab im Garten des Anwesens fanden auch Peggys Lieblinge, ihre Hunde, eine letzte Ruhestätte.

Im alten Hafen von Venedig liegt die *Egitto Express* an der Kopfmole und erinnert an die Epoche des Linienschiffdienstes nach Ägypten. Zur Zeit muß der Weltreisende sich auf Fähren und Containerschiffen über Griechenland nach Alexandrien eine Passage suchen.

Die 2. Etappe
Von Ägypten nach Indien

An diesen ersten Apriltagen ist es in Ägypten nicht wärmer als in Frankfurt. Gegen Abend mißt das Thermometer nur 13 Grad. Ein frischer Wind streicht über die Küste. Ganz ähnlich hatten es Jules Vernes Weltreisende erlebt. Im Text heißt es:

»Das Wetter war recht gut geraten, aber ein bißchen kalt, weil Ostwind wehte. In den bleichen Strahlen der Sonne zeichneten sich ein paar Minarette am Horizont der Stadt ab. Im Süden erstreckte sich der Kanaldamm über zweitausend Meter gegen das Rote Meer und sah aus wie ein Arm an der Reede von Suez.«

Die auch aus heutiger Sicht spektakuläre Fahrt durch den damals erst vor wenigen Jahren in Betrieb genommenen Suezkanal läßt der Autor aus. Es kam ihm vielmehr auf die Spannung in seiner Geschichte an. In Suez brachte er den Detektiv Fix ins Spiel, der hier erstmals versuchte, den vermutlichen Londoner Bankräuber Phileas Fogg mit Hilfe des englischen Konsuls zu fangen. Doch die Handlung des Romans wäre allzu rasch ihrer größten Spannung beraubt worden, wenn es dem Detektiv bereits hier gelungen wäre, Mr. Fogg festzunehmen.

Statt dessen entschloß sich Detektiv Fix in Ermangelung eines Haftbefehls aus London, die Verfolgung des vermeintlichen Bankräubers persönlich aufzunehmen. Während der Postdampfer *Mongolia* Kohlen und Wasser bunkerte, ging der Detektiv ebenfalls an Bord. Über Phileas Fogg schrieb Jules Verne:

»Nachdem er seine methodische Reisetabelle ohne Zeitgewinn oder -Verlust eingetragen hatte, ließ er sich das Essen in seiner Kabine auftragen. Dabei kam ihm nicht einmal in den Sinn, er könnte Suez besichtigen. Er gehörte nämlich zu der Sorte Engländer, die alle von ihm bereisten Länder durch ihre Bedienten besichtigen lassen.«

Für den heutigen Reisenden gehört der Suezkanal zu den Höhepunkten einer Weltreise. Mit 173 Kilometern ist er der längste Kanal ohne Schleusen. Seit dem Ausbau nach Beendigung des ägyptisch-israelischen Krieges können Großschiffe, je nach Schiffsbreite, bis über 100.000 BRT und mit einem Tiefgang bis zu 16,1 Metern den kurzen Seeweg über Suez nehmen, der die Strecke Hamburg-Bombay im Vergleich zur Kaproute um 43 Prozent verkürzt.

Bereits zweitausend Jahre vor Christi Geburt ordnete Pharao Sesostris I. den Bau des ersten das Mittelmeer mit dem Roten Meer verbindenden Kanals an. Der Wasserweg durch die Bitterseen bewirkte einen raschen Anstieg des Handels mit Mesepotamien. Hätten nicht die dann folgenden Kriege den Betrieb des Kanals beendet, wäre der Wasserweg wohl nicht verfallen, und vielleicht wären der Ferne Osten viel früher von Europa aus entdeckt worden. Die Chronik des Kanals berichtet vom weiteren wechselnden Geschehen. Kalif Omar ließ im siebten Jahrhundert n. Chr. den Kanal erneut ausbauen, um auf dem Wasser rascher Getreide in die Hungergebiete Arabiens transportieren zu können. Aber bereits hundert Jahre später wurde der Kanal auf Befehl des Kalifen zerstört. Es klingt wie eine Ironie des Schicksals: man wollte aufständische Araber in Medina auf diese Weise von Lebensmitteln abschneiden und gefügig machen. Der französische König Ludwig XIV. und später Napoleon waren an einem erneuten Kanalbau interessiert. Doch erst 1835 legte eine *Societé dêtudes* in Paris einen gewissenhaft recherchierten Plan vor. Schließlich, nach weiteren langen Verhandlungen, erhielt der französische Konsul in Ägypten, Ferdinand de Lesseps, die Konzession zum Bau durch den regierenden Said Pascha. Den Namen Port Said erhielt der am nördlichen Kanalende liegende Hafen zu Ehren des Paschas. 1858 begannen die Arbeiten, die zehn Jahre andauern sollten und deren zum Teil dramatische Geschichte in zahlreichen Berichten und Büchern wiedergegeben wurde.

Am 17. November 1869 fand die große Kanaleröffnung statt, bei der Ehrengäste aus Europa und Ägypten einen illustren Rahmen bildeten. Der kürzere Seeweg nach Indien und Fernost begünstigte den Handel mit den damaligen Kolonien in Asien. Geschäftliche Interessen förderten den Ausbau weiterer Schiffsverbindungen bis zum Pazifik. Auf diesen Routen ließ Jules Verne seine Romanhelden reisen. Er begann die Handlung am 2. Oktober 1872, also drei Jahre nach der Eröffnung des Kanals, zu einer Zeit, als nach Beendigung des deutsch-französischen Krieges das Reisen ohne große Hindernisse möglich geworden war. Zugleich waren in diesen Jahren wesentliche Voraussetzungen für eine Erdumrundung in 80 Tagen geschaffen worden: 1871 rollte der erste Zug durch den Mont-Cenis-Tunnel von Paris nach Norditalien. Die Alpen galten als bezwungen. Die neue Eisenbahntrasse ermöglichte raschere Fahrten von England zu den Mittelmeerhäfen, als es der Seeweg bislang erlaubt hatte. Zudem konnten die Passagiere die oft ruppige See im Ärmelkanal und in der Biskaya vermeiden.

Weitere technische Wunderwerke wurden ebenfalls in diesen Jahren fertiggestellt. Einmal war es die nordamerikanische Eisenbahnstrecke vom Atlantik zum Pacific. Zum zweiten die indische Bahnverbindung von Bombay nach Calcutta quer durch den Subkontinent. Jules Verne schrieb:

»In nur achtzig Tagen läßt sich die Erde umrunden, seit nämlich die Strecke zwischen Rothal und Allahabad auf der *Great-Indian peninsula railway* eröffnet worden ist.«

Und in diesen Jahren stieg überall in Europa das Interesse an Weltreisen. Im Herbst 1872 druckte der *Morning Chronicle* die Aufstellung einer in 80 Tagen Rund-um-die-Erde- Reise ab:

London-Suez über Mont Cenis und Brindisi per Eisenbahn und Dampfschiff 7 Tage,
Suez-Bombay, Dampfschiff 13 Tage,
Bombay-Calcutta, Eisenbahn 3 Tage,
Calcutta-Hong Kong (China), Dampfschiff 13 Tage,
Hong Kong-Yokohama (Japan), Dampfschiff 6 Tage,
Yokohama-San Francisco, Dampfer 22 Tage,
San Francisco-New York, Eisenbahn 7 Tage,
New York-London, Dampfer und Eisenbahn 9 Tage,
total 80 Tage.

Das Abenteuer einer so raschen Weltreise lag also in der Luft. So wie es die Menschen schon immer gereizt hatte, einmal um die Erde zu fahren, so begann damals der Wettlauf mit der Zeit. Jeder wollte der Schnellste sein. Wir, die wir heute mit der *Concord* in 31 Stunden Flugzeit die wesentlichen Jules-Verneschen-Etappen abhaken könnten, wollen jedoch versuchen, möglichst viele Eindrücke auf unserer Spurensuche zu sammeln.

Ägypten-Erkundung parallel zu Jules Vernes Schiffsroute

Bei der zweiten Etappe entschließen wir uns für die beschriebene »Hauptroute« mit Besuchen der ägyptischen Sehenswürdigkeiten. Früher, als die Linienschiffe nach Indien und Fernost regelmäßig fuhren, war dies eine beliebte Reise. Heute ist diese Tour nach wie vor empfehlenswert, sie ist allerdings mit einem Schiffswechsel in Alexandrien oder Port Said verbunden. Das war vor ein paar Jahrzehnten noch anders. Damals stiegen die Passagiere in Alexandrien aus. In organisierten Busreisen besuchte man die Sehenswürdigkeiten, während die Schiffe gemächlich durch den Suezkanal fuhren und die Reisenden wieder in Suez an Bord nahmen. Heute gibt es derartige Programme nur noch mit einigen Kreuzfahrtschiffen. Der Weltumsegler muß also die Weiterfahrt mit einem zweiten Schiff selbst organisieren.

Mit möglichst knapp bemessenem Gepäck, das der Reisende noch tragen oder rollen kann, steht man nach glücklicher Überfahrt von Italien im Hafen von Alexandrien. Der Trubel ist gewaltig. Die Abfertigungsprozedur kann dem Neuling einige Nerven kosten. Man bekommt einen kräftigen Vorgeschmack vom orientalischen Zeitgefühl und einer kaum durchschaubaren Bürokratie. Am günstigsten läßt man sich mit Hilfe von Bakschisch durch einen mehr oder weniger offiziellen Helfer durchschleusen. Schließlich hat man auch einen Busplatz erwischt – oder man sitzt mit Gleichgesinnten in einem gar nicht so teuren Taxi. Vor der Fahrt sollte man in jedem Fall den Preis aushandeln. Alexandrien wirkt auf der Durchfahrt vertraut mediterran. Doch bald biegt der Fahrer auf die Wüstenroute nach Cairo ab, dann beginnt Nordafrika.

Bild oben: Containerschiffe im Suezkanal

Folgende Seiten: Im Koptenkloster *Sankt Bishoi* im Wadi el Natrum kultivieren Mönche die ägyptische Wüste wie vor 2000 Jahren.

Die Koptenklöster im Wadi el Natrum

Weite blendende Wüstenflächen dehnen sich zu beiden Seiten der mit dem Lineal gezogenen Asphaltpiste. Die Straße ist vierspurig und gut ausgebaut. Vor Cairo zahlt man eine geringe Maut.

Noch vor ein paar Jahrzehnten dehnte sich konturlose Öde beiderseits der Desert-Road. Durch das staatliche Programm zur Erschließung der Wüste verändert sich die Landschaft von Jahr zu Jahr. Ein erster Schritt waren Bepflanzung und Bewässerung der Straßenränder, an denen jetzt Eukalyptusbäume und robuste Büsche wachsen. Dahinter erkennt man immer häufiger größere Areale, die eingezäunt wurden und auf denen Plantagen angelegt werden. Der Taxifahrer erklärt: »Früher, vor zwanzig Jahren, kostete hier ein Quadratmeter Land nur fünf ägyptische Pfund. Heute zahlen die an Farmland Interessierten bis zu hundert Pfund. Allerdings findet man hier jetzt überall Wasser und Strom und – wenn man den staatlichen Plänen glauben darf – soll das Land bald so fruchtbar sein wie im Nildelta.«

Dabei war es besonders die Öde gewesen, ihre Einsamkeit und Abgeschiedenheit, die im dritten Jahrhundert nach Christi Geburt zur Gründung der ersten Mönchszellen in der ägyptischen Wüste führte. Der koptische Heilige Makarius der Große, ein Schüler des heiligen Antonius, rief im Jahr 330 n. Chr. zum asketischen Leben im Wadi el Natrum auf. Die Kopten, eine der ältesten christlichen Kirchen, halten seit der Missionierung Ägyptens durch den Evangelisten und Apostel Markus an den ursprünglichen Richtlinien der apostolischen Väter fest. Damals, im vierten bis fünften Jahrhundert, entwickelte sich die koptische Kirche zu einem theologischen Mittelpunkt der christlichen Welt. In der Blütezeit existierten an die fünftausend koptische Klöster und Manschobeas in Ägypten.

Etwa auf halbem Weg von Alexandrien nach Cairo zweigt am alten Rasthaus die Straße ins Wadi el Natrum ab. In der bis zu vierundzwanzig Meter unter dem Meeresspiegel liegenden Senke sammelt sich nach starken Regenfällen das Wasser. Vielleicht hat dies die Standortwahl der Kopten beeinflußt. Auf der Fahrt nach Westen geht die Vegetation rasch zurück. Sanft gewellt liegt die Libysche Wüste im konturlosen Mittagslicht. Aus Dunst tauchen Kirchtürme zwischen Palmen auf. Ein mächtiges Tor empfängt die Besucher. Im Buch der Pforte werden die Fremden eingetragen, und per Telephon verständigt der Wächter das Haupthaus.

Den Weg zum Kloster säumen Äcker, durchschnitten von Bewässerungsinstallationen. Neben der christlichen Lehre pflegen die Mönche ein florierendes landwirtschaftliches Anwesen. Der gut aussehende junge Mönch trägt wie alle Ordensbrüder Bart und das kapuzenähnliche

Tuch. Er spricht gewandt und fließend Deutsch. Für seine Kirche war er einige Jahre in Deutschland gewesen und hatte beim Aufbau koptischer Gemeinden mitgearbeitet.

Er geleitet die Besucher durch die beiden Gotteshäuser, erläutert ihre Liturgie, die uns an orthodoxe Riten erinnert. Zur Zeit verzeichnen die Klöster starkes Interesse. An vielen Stellen wird gebaut, erneuert, wird Platz für weitere Mönche geschaffen. Jährlich kommen an die zehn Novizen in diese Gemeinschaft, die vor Eintritt ins Kloster eine abgeschlossene Ausbildung absolviert haben sollten. Ärzte, Ingenieure und Architekten sind darunter, manche ziehen das Leben in einer koptischen Zelle unter Gleichgesinnten dem dornigen Weg in der islamischen Welt vor, die zunehmend von Fundamentalisten beeinflußt wird.

Den Wehrcharakter der Anlagen erkennt man besonders gut im nur wenige Kilometer entfernt liegenden *Sankt Bischoi Kloster*. Sechs Meter hohe Mauern schützen die innere Anlage. Wassergraben und Klappbrücke verstärken die Sicherheit. Die Burg der Mönche mußte sich gegen plündernde Beduinen ebenso schützen wie gegen einfallende Araber, die Nordafrika für den Islam eroberten. In dieser Zeit wurden die Klöster im Wadi el Natrum zerstört, später teilweise wieder aufgebaut und erneut belagert. Heute sind die koptischen Gemeinden wieder die von den Gründern geforderten Zellen des Glaubens. Der lateinische Spruch *Ora et labora*, Bete und arbeite, wird praktiziert. Jeder gesunde Mönch arbeitet täglich in der eigenen Landwirtschaft, in hauswirtschaftlichen Abteilungen, in der Bibliothek oder in Handwerksbetrieben.

In diesen Vorosterwochen konzentriert sich in *Sankt Bishoi* die Arbeit auf das Herstellen des Heiligen Öls. In den Klostergärten wachsen die erforderlichen Kräuter. Alle paar Jahre, wenn die Vorräte zur Neige gehen, beginnen die vorgeschriebenen Arbeiten: Zuerst werden die Kräuterblätter in Wasser gelegt, anschließend mit Öl in Kesseln über einer Flamme gerührt. Stunde um Stunde stehen an diesem Morgen neun Mönche vor den Kesseln, sie rühren im Rhythmus, während ein Pater aus der koptischen Heiligen Schrift vorliest. In diesem Jahr flog ein Priester, Chemiker von Beruf, aus Los Angeles nach Ägypten, um die fachgerechte Herstellung zu überwachen. Wenn alles Wasser verdampft ist und das Öl die richtige Konsistenz hat, segnet es Koptenpapst Schenuda III., anschließend geht es auf die Reise zu allen koptischen Kirchen im In- und Ausland. Das Heilige Öl aus dem Wadi el Natrum begleitet das Leben der Kopten von der Taufe bis zur letzten Ölung.

Vor Ostern rühren Mönche im *Sankt Bishoi Kloster* den Sud aus Kräutern und Öl zum Heiligen Öl, das von Kopten in aller Welt für liturgische Handlungen genutzt wird (linkes Bild).

In der Altstadt von Cairo haben lastentragende Fußgänger, Esel und Fuhrwerke die Gassen meist für sich allein.

Ein Traumquartier am Fuß der Pyramiden

In Giza, einer zu Cairo zählenden Stadt, mündet die von Alexandrien kommende Wüstenstraße. Linkerhand geht es nach Cairo. Rechts biegt man zu den Pyramiden ab. Und gleich die erste Einfahrt durch ein beeindruckendes Tor mit Wächtern auf Posten führt zu einem der schönsten Hotels in Ägypten. Es heißt *Mena House Oberoi*. Je nach Tageszeit zeichnen sich die Cheops- und Chephrenpyramiden zart und hell oder kompakt und dunkel ab. Im palastartigen Gebäude stiegen Anfang dieses Jahrhunderts prominente Reisende ab. In der Gästeliste liest man unter anderen die Namen von: Agha Khan und der Begum, den Königen von Marokko, Schweden und vielen Ländern, und nicht zuletzt wohnte hier Winston Churchill, nach dem eine der Luxussuiten benannt wurde. Der alte Komplex geht auf ein Ende des neunzehnten Jahrhunderts errichtetes Jagdschloß zurück. Nach vielen An- und Umbauten für reiche versnobte Engländer, die hier spektakuläre Feste feierten, dient das *Mena House* seit den zwanziger Jahren als Hotel und Tagungsstätte.

Neben dem alten Palast entstand vor gut zwanzig Jahren der moderne *garden wing*. Vom Balkon geht der Blick auf einen ständig bewässerten gepflegten Palmengarten und das Schwimmbad. Doch immer wieder, unwillkürlich, krallt sich das Auge in die mächtigen Monumente der vierten ägyptischen Dynastie. Rund 137 Meter hoch ragen die Pyramiden der Pharaonen Cheops und Chephren in den milchig weißen Abendhimmel. Immer wieder muß der Schreiber vom Rohrstuhl der Loggia aufschauen, um sich das Bild einzuprägen. So oft wiedergegeben, dabei fast zum Abziehbild Ägyptens degradiert, überwältigen die Pyramiden, wenn man sie lange, in Muße und ungestört betrachtet.

Vom *Mena House* ist es nur ein kurzer Spaziergang zu den Giganten der alten Zeit. Früh am Morgen stören weder laut lärmende Schülergruppen noch die in nationale Unarten verfallenden Reisegruppen. Nach Bezahlen des Obulus kann man gemächlich um die Pyramiden wandern und dabei den Kontrast zwischen den Zeugen viereinhalbtausendjähriger Vergangenheit und dem neuen, seine Grenzen stets aufs neue sprengenden Cairo wahrnehmen. Fünfzehn Millionen Menschen sollen im Großraum der ägyptischen Hauptstadt hausen. Ständig werden weitere Menschen angezogen, die der Faszination des angeblich besseren Lebens in der Metropole gefolgt sind. Meist sind es Fellachen aus Oberägypten, die in Cairo Lebensglück erwarten.

All die kleinen listigen Tricks der Führer, Kameltreiber und Taxifahrer sollten uns lächeln (und nicht ärgerlich werden) lassen. Die scheinbar versehentlich aus der Hand rutschende Gebetskette, die der auf einem weißen Esel thronende weißhaarige Alte zu Boden fallen läßt, um sie der Fremden als Geschenk anzudienen, ist letztlich nur ein Versuch, mit dem Touristen ins Geschäft zu kommen. Ein oder zwei ägyptische Pfund durch Gefälligkeiten verdient, bedeuten eine willkommene Aufbesserung der Haushaltskasse für die meist große Familie.

Es ist fast unmöglich, ohne einen Führer die in den jüngsten Jahrzehnten freigelegten Grabkammern an der Ostseite der Cheopspyramide zu erkunden. Am besten, man entscheidet sich für einen vertrauenerweckenden Dragomanen, der weitere *guides* abwimmelt und sich meist Mühe gibt, dem Fremden ein paar interessante Gräber zu erschließen. Dabei geht es nicht um das Auffinden unbekannter Schätze, sondern um das Erahnen altägyptischer Riten. Die schönsten Funde stehen ohnehin im Ägyptischen Museum in Cairo oder in den großen Museen Europas. Jeder Reiseführer rät zum Besuch der Kammern in der Cheopspyramide und zum Betrachten der Zedernholzbarke, die 1954 ausgegraben wurde und die nun in einer Halle neben der Pyramide bewundert werden kann. Die Barke erinnert an den Totenkult der Pharaonen und Nohlen. Mit der Barke sollten die Gestorbenen ins Reich der Unterwelt fahren und aus dem Reich der untergehenden Sonne, dem Westen, in das Reich der Lebenden, im Osten, über den Nil zurückkehren können.

Die 137 Meter hohe *Cheopspyramide* ist das mächtigste Bauwerk des ägyptischen Totenkults.

Im gediegenen Hotel *Mena House Oberoi* in Cairo-Giza erinnert die *Churchill Suite* an den bekannten Gast, der hier gern, wie viele Prominente, direkt neben den Pyramiden logierte.

Die ältesten Pyramiden stehen in der Wüste bei Saqqàra

Die ältesten ägyptischen Pyramiden stehen südlich von Cairo bei Saqqàra in der Wüste. In den Grabkammern der Noblen faszinieren Reliefs und Skulpturen. Durch Deckenöffnungen einfallendes Licht verstärkt die Stimmung.

Folgende Seiten: Die Altstadt von Cairo baut sich von der Stadt der Toten aus gesehen mit einer Ansammlung von schäbigen Quadern zu den Kuppeln der Moscheen auf. Im Bild die *Sultan Hassan Moschee*.

25 km südlich von Cairo-Giza ließ der erste in der Geschichte genannte Architekt Imhotep die früheste, bis heute bekannte, Pyramide auf unserer Erde errichten. Das war vor annähernd 4700 Jahren. Imhotep war Prinz, Berater und Baumeister Königs Djosers. Die ägyptische Hauptstadt des Alten und Mittleren Reiches wurde um die rund dreitausend Jahre v. Chr. gegründete Festung Memphis angesiedelt.

Bis zum Vordringen des Christentums blieb die Stadt das religiöse Zentrum der verschiedenen Dynastien. In Saqqàra entstand die Nekropole, die Totenstadt, in der Könige, Noble und Bürger, je nach ihren finanziellen Möglichkeiten, die Gestorbenen für das Jenseits präparierten. König Djosers Pyramide, durch scharfe Stufen konturiert, ist nicht nur die älteste, sondern auch eine der eindrucksvollsten.

Sportliche Touristen reiten die Strecke von Giza nach Saqqàra am Rande der Wüste auf sandigen Wegen. Ein herrlicher Ausflug für Geübte, die die leichtrittigen Araber mit zarter Hand führen können. Die meisten Reisenden

Seiten 44/45: Auf der Zitadelle zieht die im Festungsbereich stehende *Mohamed Ali Moschee* zahllose Besucher an, die sich zu Gruppen auch auf den Teppichen niederlassen.

lassen sich jedoch, von Bus oder Taxi, auf der Route am Nilkanal entlang fahren. Teilweise erhascht man noch Eindrücke aus vorbiblischer Zeit, wenn Esel oder Kamele mit verbundenen Augen im Rundlauf das Schöpfwerk betätigen, wenn Fellachen mit primitiven Pflügen hinter Kamel oder Ochsen die fettschwarze Erde aufbrechen.

Wüste umgibt den Kontrollposten der Nekropole. Der Eintrittspreis ist verglichen mit den Gebühren europäischer Stätten moderat. Uns fasziniert die Abgeschiedenheit der Gräber und Pyramiden. Wenn nicht einige Autos das Bild der Vergangenheit störten, fühlten wir uns ganz weit in die ägyptische Geschichte zurückversetzt. Über Wüstensand schlendert man von einer Sehenswürdigkeit zur nächsten. In den Grabkammern neben der Titipyramide faszinieren die von Deckenfenstern gut beleuchteten Wandfresken. So plastisch und lebensnah sieht man die Bildberichte altägyptischen Lebens nur selten. Gleich daneben ist der Abstieg in die Titipyramide noch nicht von drängenden Gruppenreisenden verstopft. Nachdem man im Hockgang die tiefliegenden Gemächer erreicht hat, wandert unsere Phantasie zu den kostbaren Sarkophagen, zu den unzähligen Grabbeigaben, die hier einmal aufbewahrt wurden, um Pharao Titis würdige letzte Ruhe zu gewährleisten.

In einer viertel Stunde durchquert man ein weiteres Stück Wüste. Auf einer Anhöhe wartet ein großes Zelt auf Gäste. Wind streicht durch große, festgespannte Bahnen. Ein paar Fremde löschen ihren Durst mit Coca Cola. Drei Reiter traben den Hügel hinauf, geben die Zügel an Reitknechte in blauen Overalls ab. Die zierlichen Araber werden noch eine Weile im Kreis geführt.

Nach so vielen Eindrücken an den Stätten altägyptischer Epochen muß der Reisende nun unbedingt ins Ägyptische Museum in Cairo gehen. Hier findet er in verwirrender Fülle all die Kostbarkeiten, die Archäologen und Forscher aus Pyramiden und Hunderten von Gräbern bargen. Wenn auch ein erster Besuch im Museum nur ein oberflächliches Bild vermitteln kann, so runden sich die Impressionen des Gesehenen ab. Der Weltreisende muß bereits an die kommenden Stationen seiner Fahrt denken.

Im muslimischen Cairo

Moschee und Universität *Al-Azhar* sind uns durch Veröffentlichungen bekannt. Am 22. Juni 972 (dem 7. Tag des Ramadan im islamischen Jahr 361) wurde die älteste Universität der Welt von dem Fatimiden-Kalifen gegründet. Er wollte Cairo zum Mittelpunkt der Welt machen. Die islamische Hochschule ist seit mehr als tausend Jahren Zentrum der Lehre. Hier werden angehende Geistliche (Mullahs) ausgebildet, hier bemüht man sich um eine ständige, der Zeit entsprechende Koranauslegung. Der Scheich von *Al-Azhar* besitzt die Autorität, um Lebensregeln für alle Muslime festzulegen. In entscheidenden Fragen, wie beispielsweise jener, ob einem Dieb nach wie vor die Hand abgehackt werden solle, diskutieren führende Religionswissenschaftler verschiedener islamischer Länder die Entscheidungen.

Ein Besuch der *Al-Azhar-Moschee* gehört zum unerläßlichen Programm in Cairo. 380 Säulen umgeben den Hof, der ähnlich wie die Kreuzgänge christlicher Klöster durch seine Architektur eine Atmosphäre der Ruhe vermittelt. Das Geviert fordert zur Meditation auf. Im Innern der Moschee sitzen einige Schülergruppen auf roten Teppichen um den geistlichen Lehrer geschart. Eine der sich stets wiederholenden Fragen befaßt sich mit der Auslegung der Gebote des Korans: »Wieweit soll und darf das moderne Leben die Glaubensrichtlinien beeinflussen?« Bei der Antwort unterscheiden sich Fundamentalisten und liberale Fortschrittliche.

Unweit der Universität liegt auf einem Hügel die Zitadelle und die *Mohammed-Ali-Moschee*. Beide sind Hauptanziehungspunkte von unaufhörlich heraufmarschierenden Schülergruppen und von video-bewaffneten Touristen. In der 1176 gebauten Zitadelle erinnern im Museum Waffen und Schaustücke an die Geschichte der früheren Bastion und die Entwicklung der ägyptischen Armee. Sultan Saladin ließ die Anlage zur Sicherung der Hauptstadt bauen. Im Jahr 1823 demolierte eine Pulverexplosion einen Teil der Anlage. Wenig später ließ Mohammed Ali die nach ihm benannte *Alabastermoschee* errichten, die, obwohl in einem etwas schwülstigen Mischstil ausgestattet, zu den meistbesuchten Bauwerken gehört.

Sehr viel ursprünglicher und eindrucksvoller ist die in einem geschäftigen Viertel eng von Häusern eingekeilte *Ibn-Tulun-Moschee*. Zwischen 876 und 879 erbaut, vermittelt der Komplex die Stimmung weit zurückliegender Zeiten, als Wüstensand bis in die Gebäude wehte und dies Gotteshaus die erste große Moschee Cairos war. Heute vermittelt der Rundgang durch Gebetsraum und Umgang jene Stille, die zum Gebet auffordert. Vom Dach des Umgangs hat man gute Übersicht über das Altstadtviertel *Es-Sayyida Zeinsb*, doch den besten Blick bietet das Minarett, zu dem eine schmale sich eng windende Treppe hinaufführt.

Im Kontrast zu den zahlreichen den Lebenden dienenden Gotteshäusern stehen die Mamelucken-Gräber am Fuß der Moquattam Berge. Die prachtvolle Grablege erinnert an die Geschichte der Mamelucken. Diese liest sich spannend wie ein Abenteuerroman. 1171 begann sie, als Sultan Salah ad-Din, den meisten als Saladin bekannt, die herrschenden schiitischen Fatamiden absetzte und den sunnitischen Glauben wieder einführte. Mamelucken-Sklaven unterstützten anfangs die neuen Herren, übernahmen aber bereits 1249 selbst die Macht. Nach Hunderten von Jahren sprichwörtlich autoritärer Mamelukken-Herrschaft folgte eine längere osmanische Regierungszeit. Durch einen nach ihnen benannten Aufstand gelangten die Mamelucken 1768 erneut an die Macht. Erst 1811 endete diese Herrschaft mit der Absetzung des Beys. Danach öffnete Pascha Mohammed Ali das Land für eine liberalere, die Modernisierung fördernde Politik.

Die Gräber der letzten Mamelucken-Beys und ihrer Familien liegen verlassen unter Staub. Zwei Wächter hocken im Schatten. Sie sollen Diebe abschrecken. Die Männer führen uns durch reich geschmückte Räume. Die Sarkophage – mit goldenen Inschriften und Ornamenten verziert – stehen dicht gedrängt. Es herrscht Grabesruhe.

Stadt der Toten nennt sich das an die Mamelucken-Gräber anschließende Viertel. Einst nur für die Gestorbenen angelegt, mit schützenden Mauern und Eingangstoren versehen, boten die Totenhäuser den Toten einer Sippe abgekapselte Ruhe. Zum Teil entstanden aufwendige Bauten, altägyptische Sitten beeinflußten offensichtlich den sonst in muslimischen Ländern unüblichen Kult. Inzwischen entwickelte sich aus der Stadt der Toten eine unheimliche Gemeinschaft Lebender und Toter. Mit nicht zu bremsendem Druck strömen die Zuwanderer vom Land in die Hauptstadt. Wenn alle Winkel in den Wohnungen der bereits in Cairo lebenden Verwandten und Freunde besetzt sind, suchen die Neuen überall Quartiere, auch in der Totenstadt. Mit Kühlschrank neben dem Sarkophag, mit einer Fernsehantenne auf dem Gewölbe hausen heute

Hunderttausende in makabrer Symbiose mit den Dahingeschiedenen. Die Verwaltung scheint machtlos, ihr gelang es bisher nicht, die letzte Ruhe wiederherzustellen.

Unser Abstecher – von der Schiffsroute Jules Vernes – ist zu Ende. Wir haben in wenigen Tagen so viele Eindrücke gesammelt, daß wir Ägypten als einmalige Reiseetappe nicht missen wollten. Noch viel pointierter schreibt Horst Krüger über seine Erfahrungen: »Ich wage den kühnen, für mich aber wohlbegründeten Satz: Man kann ungefähr die ganze Erde kennen: wer nicht in Ägypten war, hat nicht die Tiefe der Welt erfahren.«

125 Jahre Suezkanal

Suez ist unser nächstes Ziel. Hier ließ Romanheld und Weltumsegler Phileas Fogg seinen Paß visieren, als Beweis des Ägyptenaufenthaltes. Die im Buch beschriebene Mole, an der Mr. Fogg den englischen Konsul aufsuchte, ist durch Kriege, Kanalverbreiterung und Bauten nicht wiedererkennbar. Das Monument an der Molenspitze wurde zerstört, wie so vieles in Suez, angeblich durch die israelische Artillerie. Das Büro der Schiffsagentur findet man in einem neuen, nüchternen Gebäude, aus dessen Fenstern man die Reede mit den wartenden Schiffen beobachten kann. In undurchschaubarer Geschäftigkeit telefonieren acht Schiffsagenten, vergleichen Telexfahnen, tragen Zahlen zu langen Kolonnen in Journale ein. Unsere Fragen nach dem zugesagten Cargoschiff nach Dubai und Bombay bewirken Kopfschütteln. Offensichtlich hätten wir uns bei der Verabredung geirrt, denn in Suez könnten nur mitfahrende Gäste in Richtung Norden beim Zusammenstellen der Schiffskonvois an Bord gehen. Bei der Nord-Süd-Passage müßten wir in Port-Said einen Kapitän finden, der uns als sogenannte Gäste mitnehme. Die Gast-Vereinbarung sei deshalb so wichtig, weil Passagierschiffe eine erheblich höhere Kanalgebühr entrichten müßten. »Außerdem«, so beendet der hilfsbereite Agent die Auskunft, »unser Hauptbüro ist auch in Port Said. Dort sind Sie am besten aufgehoben.«

Mit dem Wagen lassen wir uns am Kanal entlang nach Port Said fahren. Immer wieder fordern Beutestücke und Monumente die Ägypter zu militärischer Wachsamkeit auf, denn der Sinai-Krieg von 1973/74, als sich zum Schluß israelische und ägyptische Truppen am Kanal mona-

Hier auf der Reede von Suez ließ Romanheld Phileas Fogg seinen Paß visieren. Die neue Moschee errichteten die Ägypter nach Beendigung des Krieges und nach Abzug der israelischen Truppen vom östlichen Kanalufer.

Der Souk von Suez wurde nach der Zerstörung im letzten Krieg wieder als eingeschossiger Basar aufgebaut. Beim Einkaufsbummel findet der Fremde nicht allzuviel Kaufenswertes, dafür aber noch einen Hauch *Tausend-und-einer-Nacht*-Atmosphäre.

telang gegenüberlagen, ist unvergessen. Nach der Verbreiterung und Vertiefung der Fahrrinne hat Ägypten die Passage erheblich erleichtert, und die Kanalgebühren tragen heute wesentlich zum Ausgleich des ägyptischen Devisenhaushalts bei.

Schmucke Gärten und zum Teil idyllisch zugewachsene Villen erinnern in Ismailiya an die lange Zeit, als englische Lotsen und eine von Engländern dominierte Verwaltung das Sagen hatten. Die Stadt gehört nach wie vor zu den gepflegtesten Ägyptens. Kein Wunder, daß Präsident Mubarak hier unweit der Kanalfähre, unmittelbar am Westufer des Kanals, eine Residenz unterhält.

Verhandlungen in Port Said bringen rasch die Gewißheit, daß wir hier und nicht in Suez auf der Fahrt nach Indien am richtigen Platz sind. Die Agenten können über Funk Kapitäne befragen, die dann meist nach Rückruf bei ihren Reedern den Passagier als Gast zu einem recht moderaten Preis mitfahren lassen.

Das Wetter zeigt sich von der schönsten, frühlingswarmen Seite. Die zarte frische Brise ist angenehm erfrischend, und weder Sturm noch brütende, lastende Hitze vergällen uns die Fahrt. Ganz anders ließ es Jules Verne seine Helden erleben. Im Text übersprang er die 1.215 Seemeilen lange Fahrt bis Bab el Mandeb durch den Golf von Suez und schrieb:

»Aber gerade das Rote Meer ist ein launisches und manchmal gar bösartiges Meer, wie alle die relativ engen und langgezogenen Golfe. Blies der Wind von Asien oder Afrika her, dann begann die *Mongolia* mit ihrer langen Schraube plötzlich heftig zu schlingern und zu rollen.«

Heutzutage nehmen die Frachter bald nach Verlassen des Suezkanals volle Fahrt auf. Für den Laien ist es erstaunlich, mit welch rascher Geschwindigkeit die hoch bepackten Containergiganten laufen. 17-21 Knoten gelten bei neueren Schiffen als normale Reisegeschwindigkeit. Auf der ägyptischen Landseite begleitet das Randgebirge den Golf. Das sind keine schmächtigen Hügel, der Djebel (Gebel) Shayib El-Banat bei Hurghada mißt 2.187 Meter, und auf der Sinaiseite ragt unweit vom Katharinen-Kloster der Djebel Katerin 2.642 Meter empor. Immer wieder fallen an beiden Küstenseiten grazile Bohrtürme auf. Die Erdölvorkommen der Sinai-Halbinsel waren ein gewichtiges Faustpfand bei den Friedensverhandlungen zwischen Israel und Ägypten. Das Öl vom Golf von Suez versorgt heute Ägypten vollständig, kleinere Quoten können sogar exportiert werden.

Zâfarana, Abu Rodeis und Gharib, die größeren Gemeinden am Golf, bieten vom Schiff gesehen keine Besonderheiten. Die Landschaft streckt sich karg, braungrau und im gleißenden Licht leblos aus. Zwei kulturelle Sehenswürdigkeiten: das Antonius- und das Paulus-Kloster liegen von Bergfalten verdeckt, unsichtbar hinter dem Horizont. Wenn die Augen vom vielen Schauen der Einsamkeit müde werden, ist die richtige Zeit für eine Siesta gekommen.

Phileas Fogg blieb, laut Bericht, seiner snobistischen Lebensart treu. Im Buch lesen wir:

»Das Rote Meer interessierte ihn wenig, das Rote Meer, das doch so voller Erinnerungen für die Menschen sein sollte, dieses Theater der ersten historischen Szenen des Menschengeschlechts. Den eigenartigen Siedlungen an den Ufern schenkte er keinen Blick, obgleich ihre malerische Silhouette am Horizont aller Augen entzückte. Er dachte keinen Augenblick an die Gefahren des Arabischen Golfes.«

Das klingt recht schwülstig und unpräzise, so als ob Jules Verne nie hier gewesen war und er seine Geschichte nach für ihn erreichbaren Quellen aufbaute. Immer dann, so scheint es, wenn keine Unterlagen zur Hand waren, übersprang die Erzählung eine Etappe, um sich mit weiteren, allgemein zur Verfügung stehenden Informationen bei passender Stelle wieder einzuklinken. Hurghada und Port Safaga werden nicht erwähnt. Ihre heutige Bedeutung als Zentren der Sporttaucher mit modernen Hotelanlagen war Ende des 19. Jh. allerdings nicht voraussehbar. Aber die schon damals bedeutende arabische Stadt Djidda, bis heute der wichtige Pilgerhafen, wären ein paar Zeilen wert gewesen. Schließlich liegen die islamischen heiligen Stätten Mekka und Medina nicht weit vom Meer entfernt. Und bereits damals gab es gute Berichte von den geheimnisvollen Erkundungen einiger Europäer, die verkleidet und mit arabischen Sprachkenntnissen, sich den Pilgern angeschlossen hatten.

An der strategisch so bedeutenden Seestraße von Bab-al Mandab setzte Jules Verne die Schilderung fort:

»Der Dampfer lief Steamer Point an, das nordwestlich des Hafens von Aden liegt. Dort mußte wieder Proviant und Brennstoff an Bord genommen werden. Eine wichtige Angelegenheit, die Versorgung eines Dampfers mit Brennmaterial so weit von allen Produktionszentren weg! Allein für die Indische Gesellschaft bedeutete das einen jährlichen Kostenaufwand von 800.000 Pfund.«

Für die heutigen Containerschiffe gibt es diese Probleme nicht mehr. Treibstoff, meist Schweröl, wird dort gebunkert, wo die Preise günstig sind, und der Vorrat von 1.500 bis 2.000 Tonnen reicht fast für eine ganze Reise. Proviant braucht nur selten ergänzt zu werden, da im Zeitalter der Tief- und Kühllager die Verpflegung meist am Heimathafen mit vertrauten Lebensmitteln aufgefüllt worden ist. Auch die Wasserversorgung ist heutzutage kein Problem mehr. Die Meerwasseraufbereitungsanlage des Schiffs leistet ein Vielfaches des normalen Verbrauchs. Aber auch die Kehrseite des auf 17 bis 30 Mann ausgelegten Verbrauchs wird umweltfreundlich geregelt, eine Fäkalienaufbereitungsanlage entsorgt vorbildlich.

An der Südküste der arabischen Halbinsel, nach Passieren der fast ständig von starken Winden heimgesuchten Meerenge, gehen die Schiffe auf neuen Kurs. Weiter südlich verläuft die Route direkt nach Bombay. Parallel zur Küste anfangs des Yemen und anschließend Omans steuern die Frachtschiffe in den Golf von Oman Richtung Dubai. Nur selten erkennt man Einzelheiten des Randgebirges. Die klangvollen Namen der Städte al-Mukalla, Saihut, Salala und Masquat (auch Muskat geschrieben) deuten dem Seereisenden geheimnisvolle, wenig von Europäern besuchte Orte an. Oman zieht sich am gleichnamigen Golf bis zur Spitze der Halbinsel an der Straße von Hormuz. Ein kleines Küstenstück gehört allerdings zu einem der Vereinigten Arabischen Emirate.

Dubai, Abu Dhabi und weitere Emirate wollen wir auf einem Zwischenstop erkunden. Einen größeren Kontrast zu Cairo und Bombay könnten wir kaum erleben, hatten uns Kenner des Orients berichtet. Dubai City liegt blank und weiß im frühen Morgenlicht. Eine weitere Station, ein neues Abenteuer unserer Reise auf Jules Vernes Spuren wartet.

Die Epoche der Linienschiffe, die regelmäßig mit Passagieren und Post durch den Suezkanal dampften, ist vorbei. Kreuzfahrtschiffe bedienen einige ägyptische Häfen ehe sie zu den arabischen Emiraten oder weiter nach Fernost fahren.

In Dubai und Abu Dhabi

Die *Khaleej Times* vom 11. April bringt den folgenden Bericht mit großem Foto auf der zweiten Seite: *Dubai attracts more cruise liners*. Es ist die erste Zeitung, die wir in den Vereinigten Arabischen Emiraten zu Gesicht bekommen. Da lesen wir gleich, daß die *MS Fedor Dostojewski* auf einer dreimonatigen Weltreise im Auftrag eines deutschen Reiseveranstalters am Vortag im Port Rashid festgemacht hat. Weiter heißt es: »Dubai bereitet sich auf einen Boom im Kreuzfahrttourismus vor, nach dem es erst kürzlich einen erfolgreichen Start im internationalen Tourismus machen konnte.« Das russische Kreuzfahrtschiff umrundet zur Zeit die Welt in Ost-West-Richtung. Nach Singapore, Thailand und Sri-Lanka fährt das Schiff von Dubai nach kurzem Aufenthalt in entgegengesetzter Richtung als einst Phileas Fogg reiste. Der Yemen, Jordanien und Ägypten stehen noch auf dem Programm. Zielhafen ist Genua in Italien.

Weltreisen mit dem Schiff kommen wieder in Mode. Im vergangenen Winter hatte die gerade, aber noch nicht ganz fertig umgebaute *Queen Elizabeth II.* der *Cunard Line* die Erde auf einer weiter südlich verlaufenden Route in einhundert Tagen umrundet. Die *Fedor Dostojewski* will die Reise in drei Monaten bewältigen. Jules Vernes »Reise um die Erde in 80 Tagen« kann sich, was die Zeitspanne betrifft, dagegen bestens behaupten. Wir werden keine Wette abschließen und keinen Wettlauf eingehen, denn – wie bereits erwähnt – ist unsere Fahrt auf Erleben eingestellt. Im Zeitalter der Astronauten wäre es auch unmöglich, neue Rekorde aufzustellen.

Eine typische Begegnung haben wir am ersten Morgen in Dubai. Auf der Fahrt mit einem Mietwagen verlieren wir die Orientierung und stehen ungewollt am Creek al-Khor, dem Fluß, der Dubai zerschneidet. Früher bildete die Flußmündung den natürlichen Hafen. Auch heute noch werden an den Ufern viele Waren auf Dhows umgeladen. Wir halten an und suchen nach einem Ratgeber, doch nur wenige Menschen sind zu so früher Stunde zu Fuß unterwegs. Ein Jogger unterbricht den Lauf und sitzt nach knapper Erörterung mit im Wagen: »*It's too difficult to explain*«, meint der Inder, ein Mann, gut aussehend und im mittleren Alter. Einer jener von rund achtzig Prozent Ausländer, die in Dubai arbeiten und für das Funktionieren der Wirtschaft in den Emiraten sorgen. Nur rund zwanzig Prozent der circa 600.000 Menschen im Emirat Dubai sind Einheimische. Unser indischer *guide* arbeitet in der Sicherheitsbehörde des kleinen Landes. Er erzählt und lotst uns derweilen zügig durch die Baustellen zum Hotel. Dort fragt er, und er meint es ganz ehrlich: »Warum kommen Sie nicht mit mir nach Hause zum Frühstück, meine Frau würde sich bestimmt freuen.«

Wer als Fremder zum erstenmal Dubai zu Fuß erkundet, erhält den Eindruck, in einer indischen oder pakistanischen, nicht aber in einer arabischen Stadt angekommen zu sein. Pakistani und Inder prägen das Bild. Araber gehen selten zu Fuß, sie steuern meist Wagen der gehobenen Mittelklasse oder ausgesprochene Luxuswagen. Die Fahrzeuge stammen zum größten Teil aus Japan, wie auch japanische Firmen und Produkte bei der Außenwerbung dominieren. Zu Fuß sind, wie schon gesagt, außer uns, nach Büroschluß nur wenige auf der Straße. Das hat, wie wir bald feststellen, seinen guten Grund: im Viertel Bastakiya beispielsweise belegen Baustellen über weite Strecken die Bürgersteige. Zäune und Baumaterialien veranschaulichen auf Schritt und Tritt einen unvorstellbaren Boom. Hochkräne schwenken von früh bis spät Moniereisen und Beton auf rasch wachsende, weitere Geschäftsbauten. Pakistanische Arbeiter ohne Schutzhelme und ohne die sonst üblichen Overalls balancieren ohne Schutzgeländer auf rasch über Krageisen geschobene Bohlen. Dubai, so erzählt man uns, liegt im wirtschaftlichen Wettstreit mit der großen, rund 800.000 Einwohner zählende Hauptstadt Abu Dhabi. Dubai trumpft mit Fakten auf: es hat die größeren Seehäfen, den bedeutenderen Flugplatz und eine stärker wachsende Wirtschaft.

Gut 150 Kilometer Schnellstraße verbinden die beiden bedeutendsten Städte der Emirate. Meist vierspurig, in Ortsnähe sechs und achtspurig, nachts von Bogenlampen ausgeleuchtet, da rollen die Fahrzeuge mit 100 bis 120 erlaubten Stundenkilometern lässig zum Ziel. Zu beiden Seiten der Piste breitet sich Wüste aus, die gelegentlich von neuen, ständig bewässerten Pflanzungen unterbrochen wird. Auf angeschütteten künstlichen Hügeln erkennt man schloßartige Herrensitze, die nachts grell angestrahlt werden. Das sind Residenzen der Scheichs und Wohlhabenden, die sich mit Blick über das Meer Burgen ihres Reichtums auftürmen ließen.

Der Besucher aus Europa freut sich über den gut organisierten Verkehrsfluß ohne Staus. Da tauchen plötzlich rote Schilder auf mit der Warnung: »*Reduce speed now! Humps*!« Die Brems-

Das Emirat Sharjah mauserte sich neben Abu Dhabi und Dubai zum dritten bedeutenden Wirtschaftsstandort. Blick aus den neuen Markthallen.

lichter der Vorausfahrenden leuchten jäh. Die Wagen kommen fast zum Stillstand und hopsen trotzdem noch über die brutale Betonschwelle, so daß die Passagiere unsanft geschüttelt werden. Offensichtlich wollen die Behörden die Fahrer nach monotoner Wüstenfahrt wachrütteln.

Derartige und viele andere Verkehrs- und Ordnungsrichtlinien haben die Emirate von der bis 1971 so ziemlich alles bestimmenden britischen Verwaltung übernommen. Leitlinien, Verbotsschilder, Hinweise, alle zweisprachig in arabisch und englisch, ordnen superpenibel den Alltag. Daß Dubai eine für orientalische wie europäische Verhältnisse außergewöhnlich saubere Stadt ist, liegt nicht nur an der gut funktionierenden Straßenreinigung und Müllabfuhr, auch drastische Strafen tragen dazu bei. Wer beim *Littering*, beim Wegwerfen von Abfall, erwischt wird, zahlt 500 Dirham (ca. 200 Mark) Strafe.

In den großen Städten der Emirate ist die Kriminalität geringer als in Europa. Der Tourist fühlt sich überall wohl, er kann auch nachts unbesorgt mit umgehängter Kamera bummeln gehen, ohne Furcht vor unangenehmen Begegnungen. Dabei ist die Polizei kaum sichtbar. Während in Cairo im wahrsten Sinne des Wortes an jeder Ecke drei Ordnungshüter stehen, funktioniert das System hier ohne erkennbaren Druck.

Diese Trümpfe spielen die Verantwortlichen für den Tourismus kräftig aus. Die *Gulf News* berichteten am 13. April von einer Tagung der saudiarabischen Experten, die bei den kleinen Brüdern am Golf Vorteile und Probleme des Fremdenverkehrs studieren wollen. Doch noch, so der Kommentar der Saudis, sei man voll mit der »ordentlichen Betreuung« der Millionen Mekka-Pilger beschäftigt, als daß man »die Spuren nichtmuslimischer Touristen im Lande verfolgen könne«. Man sei aber zuversichtlich, bis zum Jahr 2000 Saudi-Arabien weiter öffnen zu können. Derweilen bemühen sich die Emirate mit Erfolg um Reisende aus allen Teilen der Welt. Zu den Verlockungen gehören viel, viel Sonne, ein sauberes Meer, weite Strände und komfortable Hotels. In jüngster Zeit fliegen Reiseveranstalter ihre Kunden zu Einkaufstouren in die Emirate, denn die Preise sind nicht nur für Gold, sondern auch für Luxusartikel günstig.

In Prospekten locken Veranstalter mit Sport und Abenteuer. Außer den allgemein üblichen wie Golf, Tennis und Tauchen stehen Schirmfliegen hinter einem Motorboot über dem Meer und

Über den Creek al-Khor pendeln morgens und abends die Fähren in dichter Folge, um die meist ausländischen Angestellten rasch zu den Arbeitsstätten am jenseitigen Ufer zu befördern. Nach wie vor legen in der Flußmündung zahlreiche Dhows an, die mit Ladung bis nach Ostafrika oder Indien segeln.

die romantische Fahrt mit einer Dhow auf dem Creek auf dem Programm. Zum ganz Besonderen gehören die Wüstenerkundungen mit Allradfahrzeugen. Da kann man stilecht im Camp arabisch essen, in der Wüste übernachten oder einen Kurs im Dünenfahren absolvieren.

Für den Reisenden auf Jules Vernes Spuren reicht die Zeit gerade für ein erstes Kennenlernen der Emirate. Zwischen Cairo und Bombay gibt es als Zwischenstation kaum einen größeren Kontrast. Während im Großraum Cairo 15 Millionen sich oft nur um das Überleben abrackern, die Fahrzeuge immer wieder repariert und mit Einfallsreichtum am Leben gehalten werden, wenn in Ägypten die Menschen wie in einem Dampftopf unter Überdruck ihr Auskommen suchen und trotzdem dabei freundlich und hilfsbereit bleiben, mit einem verschmitzten *Welcome* den Fremden begrüßen, dann werden wir rasch in ihre Gemeinschaft mit einbezogen.

In Dubai und Abu Dhabi erinnern uns Lebensstil und Formen mehr an Florida oder Südcalifornien als an den Orient. Der Tagesablauf scheint *easy* und bequem. Schulbusse sammeln die Kinder der Wohlhabenden zur Fahrt in die Privatschulen ein. Im großen bequemen Wagen fährt der Boß der Familie in seiner gekühlten Karosse ins wiederum klimatisierte Büro. Wenig später macht sich die nur noch bei wenigen Familien verschleierte Mutter auf den Weg. Im wohltemperierten Supermarkt, der aus einer großen Zahl exklusiver Läden besteht, findet sie mehr, als sie konsumieren könnte. Das Warenangebot gleicht dem europäischer Großstädte in Spitzenlagen. Das ganze Leben scheint für die Einheimischen wohlgeordnet zu sein. Nur ein *Welcome* hört der Fremde hier ganz ganz selten.

Wenn es die Zeit erlaubt, sollte der Reisende noch eine Fahrt in die nördlichen Emirate Sharjah, Adjman, Umm al Quwain und Ras al Khaimah unternehmen. Für einen ersten Besuch reicht ein Tag aus. Auf der Landkarte werden die Städte gen Norden immer kleiner dargestellt, und man erlebt, wie nach den Wolkenkratzern von Dubai die Silhouetten der Orte immer flacher werden, bis sie fast ganz in altarabischer Bebauung ausklingen.

Sharjah bietet noch mal einige Höhepunkte: Der vom Scheich initiierte moderne Souk löst in ganz neuer Architektur die Aufgaben des Marktes und die Lagerung der täglich frisch eintreffenden Waren, ohne dabei die anheimelnde Ba-

Folgende Seiten: Die Hochhauszeile am Creek von Dubai besticht durch architektonische Vielfalt.

In der Hauptstadt Abu Dhabi schießen an der Corniche am Meer dichtgedrängt die Hochhäuser in den Himmel. Schlanke Minarette ragen vor modernen Fassaden. Trotz wachsender Einflüsse westlichen Lebensstils dokumentiert die Obrigkeit mit vielen Sakralbauten ihre enge Verbundenheit mit dem Islam.

saratmosphäre ganz aufzugeben. Neu ist auch die Planung der Küsten. An der Sultan al Awal Road stehen drei Hotels und ein Motel direkt am Meer, und die Häuser versuchen, auch gehobenen Ansprüchen gerecht zu werden. Im *Sharjah Grand Hotel* beispielsweise kann sich der Gast am Schwimmbad oder im Meer Sonnen- und Badefreuden gönnen. Für das Doppelzimmer muß man zur Zeit etwas mehr als 500 Dirham (ca. 150 Mark) pro Nacht ausgeben. Und wer ein Kricketfan ist, findet in Sharjah eine Hochburg, in der viele internationale wie lokale Spiele ausgetragen werden.

In Umm al Quwain und in Ras al Khaimah ragen nur wenige Gebäude etwas höher hinaus. Lehmmauern umschließen ältere Anwesen. Staub und Sand decken Konturen zu. Die Mittagssonne blendet wie in der Wüste. Es ist recht still. Kaum ein Mensch ist unterwegs. *High life* finden wir an diesem Freitag, dem muslimischen Sonntag, nur im Restaurant des *Beach Hotels* von Umm al Quwain. In dem klimatisierten Speisesaal spielen fünf Männer auf einem Podium arabische wie westliche Unterhaltungsmusik. Drei Sängerinnen stärken sich bereits mit einer Flasche *Heidsick*. Üppige arabische Gerichte füllen in vielen Schalen und Tellern sorgsam arrangiert die Tische. Fast ausschließlich Einheimische haben sich zu einem mehrstündigen Mahl niedergelassen. Man feiert den Tag, vielleicht auch einen Erfolg und freut sich am Leben. Whisky und Wodka, in ganzen Flaschen, heizen die Stimmung an.

Mit der *Contship Pacific* von Dubai nach Bombay

Im Jahr 1872 erwähnte Jules Verne stürmischen Wind, der die Reise stark beeinflußte. Er schrieb über die Fahrt:

»Die *Mongolia* durfte zur Bewältigung der Strecke Aden-Bombay 168 Stunden brauchen. Übrigens war dies eine für sie sehr günstige Fahrt. Der Wind blies stetig aus Nordwesten, so daß man Segel setzen konnte, die die Arbeit der Dampfmaschine kräftig unterstützten.«

Wer heutzutage als Passagier zur See fahren will, stellt rasch fest, daß die meisten Liniendienste eingestellt wurden, weil keine Rentabilität mehr zu erzielen war. Die Konkurrenz der Flugzeuge, deren Schnelligkeit und der Preisverfall durch Überangebote führten zur Verlagerung der Fernreisen. Auf der Nord- und Ostsee sowie auf dem Mittelmeer verkehren zwar nach wie vor Fähren, doch außer auf Kreuzfahrten findet man immer seltener Passagierschiffe. Die früheren klassischen Ostasien- und Indien-Linien, über die Jules Verne berichtete, existieren fast alle nicht mehr. Als Alternative bieten sich Frachtschiffe an, die teilweise Passagiere befördern. Hier wiederum laufen Containerschiffe oft regelmäßig, fast wie Liniendienste, auf festgelegten Routen.

Das System der Containerschiffe gleicht dem des Eisenbahngüterverkehrs. Von Knotenpunkten aus, in diesem Fall von den Häfen, transportieren die Schiffe genormte, große Behälter zu anderen Schwerpunkthäfen. Von dort gelangen die Container per Bahn, Sattelschlepper oder erneut per Schiff zu kleineren Verteilerstationen oder direkt zum Empfänger.

Der Weltreisende auf Jules Vernes Spuren stellt am günstigsten mit Agenturen für Frachtschiffreisen seine Route zusammen. Das gleicht bei einer Weltreise einem verzwickten Puzzle. Denn nicht die bei Jules Verne angegebenen Passagezeiten entscheiden über die Fahrtdauer, sondern es sind variable Posten, wie die Dauer der Liegezeiten zum Löschen und Beladen, die von der Tide abhängigen Einlaufmöglichkeiten, der Platz an einem Pier oder auch Wartezeiten vor dem Suezkanal beim Zusammenstellen des Convois. Allzu knapp darf der Weltreisefahrplan also nicht ausgetüftelt werden. Letztlich gehört etwas Glück dazu, daß die Reise gut und in der vorgesehenen Zeit abläuft.

Bei jeder Etappe, vor dem Einklarieren in jedem Hafen, gibt es eine Grundregel: so früh als möglich sollte der Passagier – trotz fester Buchung – den Agenten der Reederei anrufen, ihm seine Hoteladresse mit Zimmernummer durchgeben und sich nach dem zur Zeit exakten Abfahrttermin des gebuchten Frachters erkundigen. In Dubai erleben wir zwei Überraschungen: zum einen hat der Agent angeblich bislang keine Nachricht über das Zusteigen von Passagieren erhalten. Zum zweiten wird das Schiff bestimmt einen Tag später als vorgesehen auslaufen. Telefonate mit der Agentur in Hamburg bringen uns jedoch die fehlende Bestätigung. Dabei sollten wir nicht vergessen, dies hatte uns schon vorher der Hamburger Spezialist gesagt: »Für das Frachtschiff sind Ladung und Fahrzeiten wichtig. Passagiere bringen nur ein willkommenes Zubrot.«

Der Anruf des Agenten aus Dubai klingelt uns um 6.30 Uhr früh aus dem Schlaf. Zum drittenmal ändert sich die Abfahrtszeit. Bereits zwei Stunden später rollen wir im Wagen der Agentur zum Containerhafen Djebel Ali. Die Fahrt dorthin dauert statt 30 mehr als 50 Minuten, die Paßkontrolle statt der angekündigten zehn ganze 40 Minuten. Das andere orientalische Zeitgefühl erinnert uns an eine Unterhaltung in Pakistan vor vielen Jahren. Wir verhandelten während der Reparatur unseres Autos mit einem Geschäftsfreund, dem wir die Dringlichkeit zu erklären versuchten: »Aber warum wollen Sie jetzt Ende November so rasch abreisen?« fragte der Pakistani. »Weil wir sonst in Anatolien im Schnee steckenbleiben«, antworteten wir. »Aber das ist doch kein Grund. Bleiben Sie bis Ostern in Lahore, dann erleben Sie hier die schönste Jahreszeit!«

Wenn sich die endgültige Ablegezeit in Dubai schließlich nur um eine Stunde verzögert, so ist dies für arabische Verhältnisse ein Auslaufen nach Plan. Der Kapitän der *Contship Pacific* begrüßt uns mit kräftigem Handschlag, zeigt uns Kabine und Sonnendeck für Passagiere, stärkt uns mit einer Cola, ehe er zum Manöver auf die Brücke einlädt. Der neuseeländische Lotse kommt an Bord, ein gutaussehender Mann, wie aus einer Whiskywerbung mit grauen Schläfen und Vollbart. Die Anweisungen erfolgen knapp: »Maschine kleine Fahrt voraus, Rudereinschlag.« Der Schlepper hält über Funk Verbindung, er begleitet das Schiff zur Sicherheit, ohne an diesem windstillen Tag benötigt zu werden. Langsam, sanft gleitet die *Contship Pacific* zur Hafenausfahrt. Am Bojen markierten Kanal klettert der Lotse auf seine Barkasse und läßt sich zu einem auf Reede wartenden Frachter übersetzen.

Nachdem unser Schiff den Hafenkanal verlassen hat, geht es auf Kurs parallel zur Küste der Emirate in Richtung Osten. Das Land verschmilzt im Mittagsdunst. »Ostermontag um acht wollen wir vor Karachi sein«, sagt der Kapitän knapp und trocken. So als führen wir mit dem Intercity von Hamburg nach München. Es ist Ostersamstag und Mittagszeit. Der philippinische Koch hat ein typisch deutsches Sonnabendessen gekocht: Bohnensuppe und Rindswurst.

»Frachtschiffreisen sind etwas für stille Genießer. Die Animation muß jeder selbst mitbringen«, hatte uns ein Freund gesagt, der schon einige Fernreisen mitgemacht hatte und der uns

Moderne Containerschiffe bieten mitfahrenden Passagieren meist guten Komfort, geräumige Kabinen, Einblicke ins heutige Seemannsleben und Zeit wie Muße, um die Eindrücke der vorausgegangenen Etappe zu verarbeiten.

Folgende Seiten: Auf dem Markt von Karachi warten Hähnchen in Käfigen bis die »Auslagen« verkauft worden sind und auch ihre Zeit gekommen ist.

Neulingen die Vorfreude mit einigen dramatischen Schilderungen würzte: Da drehte sich auf einer Passage bei schwerer See in der Biskaya sein Magen um. Da versuchten im Suezkanal zwei Schufte die Kabinentür aufzuhebeln, und vor Australien geriet das Schiff in so starken Sturm, daß drei Container über Bord gingen.

Wir lassen uns durch die Berichte nicht von unserem Reisekonzept abbringen. Soweit es geht, wollen wir die Erde per Schiff, per Bahn oder mit klassischen Fahrzeugen umrunden, um so stilecht als möglich den Spuren von Jules Vernes Roman zu folgen.

Entgegen der Prognosen des Freundes liegt die See im Arabischen Golf so platt und friedlich wie ein Binnengewässer vor uns. Der erste Hafen dieser Fahrt ist Karachi. Der Kurs führt nach Verlassen des Golfs von Oman ziemlich genau östlich entlang der iranischen und pakistanischen Küste. Vom Land und von verwunschenen orientalischen Städten, die der eine oder andere hier erwartet, sieht man nichts. Auch Spuren von Sindbad dem Seefahrer lassen sich nicht erkennen. Die Region war schon im Altertum wegen der Salzwüsten und der unsicheren Wasserstellen gefürchtet. Alexander der Große wählte deshalb auf dem Rückweg von Indien mit einem Teil seiner Armee den Seeweg, während die meisten seiner auf dem Landweg zurückmarschierenden Soldaten verdursteten.

Abgesehen von der schwierigen politischen Lage im Irak, kann man aus Sicherheitsgründen in der ganzen Region eine Landreise nach Indien kaum empfehlen. In den fünfziger Jahren hatten wir zu zweit mit einem *Opel Kapitän* die Rückfahrt von Lahore bis München in 14 Fahrtagen geschafft. Heute hätte dies auch ein allzustarkes Abweichen von der Route Jules Vernes bedeutet. Wir genießen die Fahrt über den Indischen Ozean, der hier auch noch Arabischer Golf heißt. Die Fahrzeiten, in denen Phileas Fogg, sein Diener Passepartout und Detektiv Fix an Bord der *Mongolia* im Jahr 1872 zurücklegten, sind mit den heutigen nicht zu vergleichen. Schließlich dampfte die *Mongolia* direkt von Aden nach Bombay, während die *Contship Pacific* für die 733 Seemeilen von Dubai nach Karachi fast exakt 43 Stunden benötigt. So wie es der Kapitän vorausgesagt hatte, ankern wir Ostermontag früh um acht Uhr auf der Reede vor dem pakistanischen Hafen.

Der Hafen von Karachi (Pakistan) gilt bei den Reedern als Nadelöhr der Asienrouten. Es gibt nicht genügend moderne Ladebrücken, so daß die Container zum größten Teil noch mit den Kränen der Schiffe auf Sattelschlepper oder Leichter gehievt werden müssen.

Landgang in Karachi

»Einlaufen können wir erst mit dem Hochwasser gegen zwölf Uhr mittag«, erklärt der Kapitän. »Das Schiff hat bei dieser Beladung neuneinhalb Meter Tiefgang, damit kommen wir bei Niedrigwasser nicht in den Hafen.« Von einer der Stadt vorgelagerten Insel erkennen wir nur schwache Konturen. Dunst liegt über der bedeutendsten pakistanischen Hafenstadt. Die ebenfalls auf Reede vor der Einfahrt ankernden Schiffe bieten Gesprächsstoff: »Die graue Fregatte neben uns liegt hier gewissermaßen auf Wachposten«, erläutert der Erste Offizier. »Die großen dahinten sind ebenfalls Containerschiffe. Die kleineren sind Tanker, die meist nicht weit fahren. Aber der große dunkle Pott dahinten, mit dem kastenartigen Aufbau, das ist ein Schaftransporter, der wohl Tiere aus Australien fährt. Die müssen außer reichlich Wasser und Futter noch eine bestimmte Anzahl von Pflegern mit an Bord haben, das verlangt heute schon der Tierschutz.«

Schließlich kommt gegen Mittag der Lotse an Bord. Im Hafen erwartet die *Contship Pacific* ein Schlepper, der beim Anlegen hilft und das Schiff die letzten Meter längsseits an den Kai drückt.

Der Aufenthalt in Pakistan war in der Reisebestätigung nicht aufgeführt worden. Erst als der Reeder auch ein pakistanisches Visum für jeden Passagier anforderte, wußten wir, daß in den acht Tagen der Passage von Dubai nach Bombay auch die Liegezeit in Karachi eingeschlossen ist. Daß dies vier Tage werden würden, hatten wir nicht erwartet.

Grund für das langsame Löschen und Beladen sind die alten Hafenanlagen, die nur teilweise von Stückgut auf Containerumschlag umgerüstet worden sind. An der Pier, an der die *Contship Pacific* butterweich anlegt, stehen vergammelte Demag-Kräne aus dem Baujahr 1957 als Relikte des ehemaligen Warenumschlags. Ein Teil der Lagerhallen ist abgerissen worden, um Platz für Container und Waren zu schaffen. Verglichen mit modernen Containerladebühnen, wie sie in Dubai arbeiten, geht das Löschen mit bordeigenen Kränen gemütlich vor sich. Auf der Pier fahren mehr oder weniger zügig Pritschenwagen vor, die mit den von Bord gehievten Containern beladen werden und sie zu einem Stellplatz transportieren, wo ein Spezialstapler in Aktion tritt. Ähnlich läuft es bei den längsseits festgemachten Leichtern ab, die zu anderen Lagerplätzen geschleppt werden. Beim Ablauf kontrollieren ein Offizier, der Vorarbeiter, der Stauer und der Bordcomputer, daß nur die für Karachi bestimmten Container gelöscht werden, daß schwere Ladung anschließend zu unterst gestaut wird, daß blockweise die Ladung für Bombay, Antwerpen und Hamburg geladen wird und daß – als Wichtigstes – die Trimmung des Schiffes stimmt.

Abdul, ein in Karachi geborener Sind, mit dem Charme eines Seeräubers im amerikanischen Film, wartet mit einem blankgeputzten japanischen Wagen auf der Pier. Abdul hat sich das Vertrauen von Kapitän und Besatzung erworben, er ist nicht nur Fahrer, sondern Mädchen für alles. Wenn der Chefingenieur einen Teppich als Mitbringsel sucht, der Kapitän ein Geschenk für den Geburtstag der Tochter kaufen will oder etwas fehlt, Abdul weiß Rat und hilft. An diesem ersten Abend fährt er uns nur über die Brücke ins nahegelegene *Beach Hotel* zum Abendessen.

Die englische Atmosphäre steckt noch heute, bald 50 Jahre nach der Erbauung, im Hotel. In der mehr als zweistöckigen hohen Halle rotieren über metergroße Deckenventilatoren und fächeln etwas Kühle. Die Einrichtung erinnert an britische Kolonialzeiten. Hinter dem Gebäude warten zwei Terrassen mit gedeckten Tischen auf Gäste. Palmen zeichnen typisch bizarre Silhouetten in den Abendhimmel. Lichterketten, von Baum zu Baum gespannt, schaffen ein wenig festliche Stimmung. Auf einem im Fluß festgemachten Ponton stehen weitere Tische für Gäste bereit, die dicht über dem Wasser sitzen möchten. Blumen in einer Fülle, wie sie Europa nur im Sommer kennt, duften stark und verführerisch. In der Kühltheke liegen Fische und Fleisch auf Eis. Dunkelrot gekleidete Ober beraten die Gäste bei der Wahl.

Karachi war bis Anfang der fünfziger Jahre nur wenigen Kennern des Orients ein Begriff. Unter britischer Herrschaft, als Teil des Vizekönigreichs Indien, bestand das heutige Pakistan aus Provinzen mit überwiegend muslimischer Bevölkerung. Es gab wenig Eigenständigkeit der unter Hindumajorität lebenden Muslime. Karachi konnte seine Bedeutung als Hafen mit dem westindischen Bombay bei weitem nicht aufnehmen. Die Stadt blieb bis 1947 recht unbedeutend.

Anfang unseres Jahrhunderts wurden auf Eigenständigkeit bedachte Muslime immer aktiver. Schon vor Ende des Zweiten Weltkriegs und bevor Indien seine Souveränität erlangte, verfaßten Vertreter von hundert Millionen Muslimen in Lahore eine heute als Gründungsaufruf bezeichnete Resolution. Das war am 23. März 1940. Der geistige Führer war Quaid-e-Azam

96
54-

Mohammed Ali Jinnah. Sieben Jahre später, der Krieg war siegreich auch mit Hilfe indischer Truppen beendet worden, entließ Großbritannien Indien und Pakistan in die Unabhängigkeit. Der erste Gouverneur Pakistans wurde am 14. August 1947 Ali Jinnah. Er ist nicht nur Staatsgründer des schließlich, nach grausamen Kämpfen gegen indische Hindutruppen, entstandenen islamischen Landes, er ist bis heute die hochverehrte Vaterfigur.

Karachi bietet ein einzigartiges Monument zur pakistanischen Identität, das Mausoleum des *Quaid-e-Azam*, eine Pilgerstätte vieler Pakistani. Im palmenbestandenen Park erhebt sich das an eine Moschee erinnernde Grabmal in beeindruckender Größe. Schon das Ablegen der Schuhe erinnert den Besucher an ein Gotteshaus. Die militärische Ehrenwache und die gedämpfte Sprache der Anwesenden verstärken das Gefühl, in einem heiligen Ort zu stehen, der mit weißem Marmor erbaut und mit silbernen Schranken um den Sarkophag geschmückt unsere Ehrfurcht fordert.

Die nächste Sehenswürdigkeit der Stadt ist die neue, große Moschee. Nach Cairos *Al-Azhar-Moschee* – und sich noch an die alten islamischen Bauten Ägyptens erinnernd – steht der Fremde diesmal vor einem modernen, fast nur aus einer flachen Kuppel bestehenden Bethaus. Die Ausmaße sind wiederum gewaltig. Das Licht vermag das Innere, von den Eingängen einfallend, nicht zu erhellen. Nur spärlich wird die Dämmerung von ein paar hundert punktförmigen Glassteinen des Betondachs beleuchtet. Einfarbige schlichte Teppiche bedecken den Boden. Im Sonnenlicht eines Eingangs sitzen drei Personen im Halbrund um einen Mullah. Das Paar aus Fernost betet. Zum Abschluß legt der Mullah die Hand auf die Köpfe der beiden, als würde er sie für ein gemeinsames Leben segnen.

Abdul, der Fahrer der *Contship Pacific*, lenkt sein japanisches Auto mit wagemutiger Geschicklichkeit durch den Verkehr Karachis. Zu den Unwägbarkeiten der »Gegner« auf den Straßen gesellen sich Rushcars (Motorroller-Rikschas), Radfahrer, Busse und Eselkarren. Viele Gegenden der Stadt wirken verschlissen und ärmlich. Hier liegt Abfall auf Bürgersteigen und in Hausecken. Daneben erkennen wir aus dem Wagenfenster noch vereinzelt die gelbgetünchten Kolonialbauten. Doch die meisten Gebäude sind seit den fünfziger Jahren errichtet worden. Manches wirkt bereits wieder morsch. Neue Hochhäuser mit polierten Fassaden von Banken, Behörden und Institutionen skizzieren die Pläne für eine neue Stadt.

Abdul zeigt auf der Rundfahrt seine Heimatstadt: das Museum mit liebevoll bewahrten Schaustücken der Vergangenheit und mit einer Abteilung, in der die Entstehung des muslimischen Staates dargestellt wird. Weiter geht es zum Strand hinter einer neuen Siedlung. Dort

Vor dem Mausoleum des pakistanischen Staatsgründers Ali Jinnah in Karachi halten stramm gedrillte Soldaten Ehrenwache. Der Sarkophag in der Halle ist Ziel zahlreicher Besucher aus dem In- und Ausland.

warten Führer mit Kamelen auf Touristen. Zum Abschluß wandern wir durch den orientalischen Markt. Überall sehen wir Szenen wie aus 1001 Nacht.

Um halb zwei Uhr nachts steht der pakistanische Lotse auf der Brücke. Ein sportlicher, trainierter Mann, ganz in Weiß gekleidet, um die 40, auf dessen Schulterstücken drei goldene Litzen im Licht der Bordbeleuchtung blitzen. Über Funk gibt er den beiden Schleppern Anweisungen: »Schlepper Sindbad mehr achtern«, übersetzt der Kapitän. »Leinen los«, kommt das Kommando zum Zweiten Offizier, der die Winde überwacht. Langsam pullen die Schlepper die *Contship Pacific* in Wendeposition. Einer der Schlepper schiebt, der andere pusht. Das Schiff dreht mit leichter Maschinenunterstützung fast auf der Stelle. Im Hafen bleiben zu jeder Beckenseite nur an die zwanzig Meter Raum. »Mit einem 220-Meter-Schiff würde das kaum gehen«, meint der Erste. Die *Contship Pacific* mißt rund 165 Meter.

Die Stimmung prägt sich ein: der halbe Mond erhellt die Hafenanlagen, Kräne zeichnen sich scherenschnittschwarz ab, Mondlicht reflektiert sich auf der Wasserfläche wie Quecksilber. Das Schiff läuft nur noch mit Positionsleuchten. Auf zwei Monitoren zeichnet das Radar die Hafenausfahrt in jedem benötigten Ausschnitt. Der Manora-Kanal erscheint in Fahrtrichtung. An Steuerbordseite liegen die roten, befeuerten Tonnen, an Backbordseite die grünen. Die Fahrrinne des Kanals schlägt einen Bogen nach rechts. Schiffsführer müssen hier exakt navigieren. Eine Begegnung von Großschiffen ist nicht möglich.

Der Lotse ist gesprächig. Neben der Außensteueranlage stehend kommentiert er die Lage seines Landes. Er zeigt sich äußerst skeptisch, daß es dem jetzigen bis in die höchsten Ämter korrupten System gelingt, die Ordnung aufrechtzuerhalten, einen sozialen Ausgleich zu schaffen und daß dies alles im vorgeschriebenen Rahmen einer islamischen Gesellschaft zu erreichen ist. Seine Bewunderung gilt den starken Männern dieses Jahrhunderts: dem früheren pakistanischen, autoritären Präsidenten Ayub Khan, unter dessen Herrschaft straffe Ordnung durchgesetzt worden war. Selbst für Adolf Hitler hegt er mehr Achtung als Abscheu, denn schließlich brachte Hitlers Krieg gegen England aus seiner Sicht für Indiens Muslime die Unabhängigkeit, und dies führte mit zur Gründung Pakistans. Die Floskeln kommen wie vorgestanzt aus dem Mund des sympathischen Mannes. Letztlich, zum Abschied, einigen wir uns beim Händedruck auf die Formel: *»Let's allways fight for peace!«*

Studentinnen schlendern, wie auf dem rechten Bild, lässig und lachend durch den Museumspark. Die jungen Mädchen tragen die Kopftücher nicht eng verknotet. Meist bewegen sich die Jugendlichen frei und dem Fremden gegenüber aufgeschlossen.

Die 3. Etappe
Durch Indiens Süden

An der Mole in Bombay, nahe dem klotzigen *Gateway of India*, trafen auch Phileas Fogg und Passepartout nach der Überfahrt über das Arabische Meer ein. Hier warteten unvorhergesehene Zwischenfälle auf die Weltreisenden. Noch immer ist das »Tor nach Indien« ein Treffpunkt der Ankommenden und der sie erwartenden Einheimischen.

In der ihm eigenen schlichten Art hatte der Kapitän der *Contship Pacific* konstatiert: »Samstag mittag treffen wir auf der Reede von Bombay ein.« Verglichen mit vier Tage Liegezeit in Karachi bedeuteten die eineinhalb Tage Fahrt nur einen Katzensprung.

Wir sehen auf die Uhr. Es ist Samstag mittag 11.45 Uhr, als der Kapitän Befehl zum Ankern gibt. Das Schiff liegt mit etwa zwei Dutzend weiteren Frachtern und einigen Versorgungsbooten auf Reede. Die Hochhäuser von Bombay zeichnen sich nur undeutlich ab, so als bilde der Schweiß von 15 Millionen Menschen eine feucht-klebrige Dunstglocke. Die Entwicklung des Großraums liest sich faszinierend und erschreckend zugleich: rund ein Drittel des indischen Bruttoinlandprodukts wird hier erwirtschaftet. Von 1948 bis zur Gegenwart vervierfachte sich die Bevölkerungszahl. Wohl an die eintausend Arbeitssuchende sickern täglich aus Notstandsgebieten in das Ballungsgebiet. Ähnlich wie in Cairo gibt es bisher keine wirkungsvolle Kontrolle, um Bevölkerungswachstum und Elend einzudämmen.

Wir haben Koffer und Taschen gepackt, warten auf eine Barkasse, die uns zum Hafen fährt, als der Kapitän über Telefon in der Kabine anruft. »Ich habe den Eindruck«, sagt er betont leutselig, »es gefällt Ihnen hier an Bord. Dann richten Sie sich mal auf eine weitere Verweildauer ein, denn der Zoll in Bombay lehnt es ab, daß Sie von Reede aus reinkommen. Er besteht darauf, daß unser Schiff erst am Pier festmacht, ehe Sie an Land dürfen.«

Ich überlege, was wohl Phileas Fogg in seiner unerschütterlichen Ruhe und mit prallgefüllter Geldtasche täte. Doch nochmalige Telefonate mit dem Agenten der Reederei bringen nur eine unsichere Zusage für den kommenden Tag. Bis der vorgesehene Liegeplatz im Hafen frei wird, kann es vier Tage dauern. Unser wohlausgeklügeltes Indien-Programm fiele zusammen.

Rasche Erkundung von Bombay

Der imposante *Victoria Bahnhof* wurde erst einige Jahre nach Jules Vernes Reiseerzählung errichtet. Aber schon 1872 starteten hier Eisenbahnzüge quer durch Indien.

Bei Jules Verne lesen wir über Bombay nach, während wir in einer feuchtwarmen Brise auf Deck im Schatten schwitzen:

»Von den Wundern Bombays begehrte er gar nichts zu sehen, weder das Rathaus oder die hervorragende Bibliothek noch die Festungswerke, weder die Docks noch den Baumwollmarkt, weder die Basare noch die Moscheen, die Synagogen, die armenischen Kirchen, ja nicht einmal die herrliche Pagode von Malabar-Hill interessierte ihn, obschon sie doch mit zwei polygonen Türmen versehen ist... Er würde sich weder die Meisterwerke von Elephanta ansehen noch die dortigen geheimnisvollen Grabgewölbe, die südöstlich der Reede liegen und so schwer zu entdecken sind, er mochte auch die Kanheriegrotten nicht ansehen, die sich auf der Insel Salcette befinden und die als letzte Überreste buddhistischer Architektur einzigartig sind!«

Sonntag morgen vor Bombay. Ohne Fahrtwind breitet sich schwüle Wärme aus. Selbst auf Deck im Schatten klebt die Feuchtigkeit rasch auf der Haut. Wir warten. Kurz vor zehn Uhr nähert sich eine ältere Barkasse, mit der zwei Angestellte der Schiffsagentur eintreffen. Sie bringen die gute Nachricht, daß es dem Manager der Firma gelungen sei, beim Zoll eine Erlaubnis für das Ausklarieren von der Reede aus zu erhalten. Ich denke noch mal an Phileas Fogg, der in solchen Situationen zufrieden die Zeiten der Etappe in sein Notizbuch eintrug. Auch wir werden die vor uns liegende Fahrt durch Indien planmäßig beginnen können.

Was nüchtern mit Ausklarieren bezeichnet wird, kann in der Praxis langwierig und nervtötend ablaufen. Die Barkassenfahrt nimmt fast zwei Stunden in Anspruch, auf den Zoll warten wir weitere eineinhalb Stunden in einem Bürocontainer am Bootsanleger. Und nur dem Entgegenkommen des weißuniformierten Zolloffiziers

Folgende Seiten: Am Aufstieg zu den *Hanging Gardens* in Bombay drängen sich Händler und Besucher. Im Park rasten und vergnügen sich jung und alt in lässiger Harmonie.

Coca-Cola
Coke
Coca-Cola
Coca-Cola
Coke

MRL
8594

verdanken wir eine rasche Abfertigung ohne Kofferöffnen, so daß wir gerade noch die wartende Fähre vom Containerhafen nach Bombay erwischen.

Am *Gateway of India* drängen sich Hunderte, Reisende, Neugierige, Spaziergänger und Händler. Am repräsentativen Torbau treffen zahlreiche Fähren und lokale Schiffe ein. Früher wurden hier auch die Postschiffe aus Europa abgefertigt. An den für Indien bedeutungsvollen Besuch von König Georg V., der ebenfalls Kaiser von Indien war, und Queen Mary sollte das 1922 errichtete Wahrzeichen Bombays erinnern. Den prächtigen Eindruck verdankt der Bau auch dem nachempfundenen Gujarat-Stil des 16. Jahrhunderts. Als Jules Vernes Romanhelden hier 1872 von Bord der *Mongolia* gingen, war die Anlegestelle noch eine nüchterne Pier. Auch der *Victoria Terminus*, der Zentralbahnhof Bombays, war noch nicht als italienisch-gotischer Prunkbau entstanden. Immerhin fuhr von dieser Stelle bereits 1853 der erste Zug Indiens mit Dampflokomotive ab. Und da wir diesmal ganz dicht der Fährte Jules Vernes folgen, können wir die Plätze aufsuchen, die Diener Passepartout für seinen Herrn besichtigte.

Nicht weit vom *Gateway of India* glaubt der Fremde in eine englische Stadt zu kommen. Das 1878 fertiggestellte *High Court* und *Universitätsgebäude* zeigen neben vielen anderen den gleichen neugotischen Stil wie ihre Pendants in Oxford oder Canterbury. Hinter baumgesäumten breiten Boulevards spielen Teams auf Sportplätzen oder den Greens, so wie im früheren Mutterland. Armut ist in diesem Viertel kaum sichtbar. Vielmehr drängt sich die Einsicht auf, daß die Engländer sich zur Kolonialzeit hier verdammt wohl gefühlt haben müssen

The hanging gardens gehören zu den Sehenswürdigkeiten, die auch der eilige Tourist sehen sollte. Heute heißen die auf Terrassen über dem Marine Drive angelegten schönen Parks teilweise auch *Kamal Nehru-Park*, nach der Mutter von Präsident Nehru. Wenn Passepartout Sinn für prächtige Gartenanlagen hatte, war er bestimmt hier, über der Back Bay. Bei unserem Besuch ist Sonntag nachmittag. Zu Hunderten strömen Familien und Gruppen von Freunden in die Parks. Sie promenieren zwischen den Rabatten oder lassen sich auf einem Grasstück nieder, im Schneidersitz, im Kreis zum Erzählen, zum Lachen, und sie spielen – wie auf einem Teppichbild von

Ständig feiern indische Religionsgemeinschaften irgendein Fest. Dann versperren Umzüge auch mal die Hauptdurchfahrtsstraße, wie hier bei Bangalore.

Goya – Blinde Kuh. In diesem Augenblick hat der Fremde das Gefühl, in einem Paradies unserer Erde angelangt zu sein.

Zwischen älteren verschlissenen Wohnhäusern, die aussehen, als hätte der Vermieter seit siebzig Jahren den Anstrich gespart, und modernen Appartementblocks windet sich die Straße zum *Babulnath Tempel.* Jules Verne nennt ihn *Pagode von Malabar Hill.* Ein für die Bucherzählung folgenschweres Ereignis spielte sich damals hier ab. Diener Passepartout, mit den Gepflogenheiten des Besuchs indischer heiliger Stätten nicht vertraut, betrat die Tempelanlage, ohne die Schuhe auszuziehen und offensichtlich auch während eines Gottesdienstes. Er wurde von drei Priestern verprügelt, konnte jedoch fliehen und erreichte den Zug nach Calcutta in der letzten Minute.

Diese Episode geht uns durch den Kopf, als wir ausgetretene Stufen zum Tempel hinaufwandern. Alte Gebäude kleben schweißbraun vom Aufgang bis zur Pforte. Ein dünner Mann sitzt umringt von Schuhen der Betenden und hält für ein, zwei Rupien Wache. Ein Hinweis bittet, die Skulpturen der Heiligen nicht zu fotografieren, aber gegen Aufnahmen des Innenhofs hat man nichts einzuwenden.

Die Stimmung des in spätes Nachmittagslicht getauchten Tempels ist schwer zu erfassen, noch

Den *Babulnath Tempel* auf dem *Malabar Hill* (oberes Bild) besuchte, recht unbesonnen, Foggs Diener Passepartout und löste dadurch eine Kette von dramatischen Reaktionen aus.

Das Felsenrelief in Mahabalipuram wurde während der Pallava-Dynastie im siebten Jahrhundert in das Gestein gemeißelt. Das Motiv zeigt Shiva, einen Hauptgott der Hindu, der auch als Herr des Universums dargestellt wird. Hier stützt er für seine Gläubigen die sie bedrohende Felsdecke und verschafft ihnen dadurch freien Ausgang.

schwerer zu beschreiben. Auf den Steinplatten sitzen und knien Männer und Frauen zum Gebet. An verschiedenen Stellen gießt man Wasser auf Blüten und über Steine. Lachen sickern zu den Betenden, Wasserspritzer durchnässen die Kleidung, es scheint niemand zu stören. Im zentralen Raum wachen drei Götter in Schreinen. Bunt und grell bemalt erinnern sie mich an Heilige, die sich verkleidet haben. In einem kleinen Ofen glimmt Holzkohle. Im Mittelpunkt ragt ein schwarzer etwa stuhlhoher Quader aus einer brunnenähnlichen Mulde. Auf dem Stein liegen Blüten, die ein Priester ständig mit Wasser begießt. Einige der Blumen werden in die Mulde gespült. Eine Frau küßt den schwarzen Stein, eine andere berührt mit der Stirn die Fliesen.

Eine ungewohnte Stimmung erfaßt mich. Sind es Erinnerungen an frühe Kindererlebnisse? An Christmette im Freiburger Dom? Ich habe das Gefühl, in vertraute Vergangenheit zurückzukehren, ohne zu wissen warum. Oder ist es die Ausstrahlung der um mich Betenden, die mich einbezieht? Jörg Andres Elten schreibt in seinem Buch über die erste Begegnung mit dem Baghwan in Puna: »Ich hatte das Gefühl heimzukehren.«

Hinter dem *Ramada Hotel* streckt sich der Strand, Juhu Beach von den Einheimischen ge-

In Bombay, an der Juhu-Beach, lachen und spielen die Menschen an einem schönen Sonntagabend, wie bei einem Volksfest.

nannt. Während am Swimming-Pool mit weiß livrierten Obern lässige Dolce-vita-Stimmung vorherrscht, tobt ein paar Meter weiter das Leben: In Buden werden Speisen, Getränke, Süßigkeiten, Andenken und Pfauenfedern angeboten. Dicht gedrängt, wie bei einer Open-air-Veranstaltung, stehen Menschen, meist in Erwartung des Sonnenuntergangs. Viele lachen, einige singen, Väter toben mit Kindern im flachen Wasser. Wir fragen: *»Do you celebrate a festival?«* Erstaunte Gesichter, wieder Lachen: *»No, it's just a regular nice sunday!«*

Aus der rasch einfallenden Dämmerung tauchen weitere schmuck gesattelte Kamele mit Führern auf. Zweirädrige, bunt bemalte Karren warten bereits mit Kamelen oder Pferden im Geschirr. Bald starten die Kutschen zur heiteren Wettfahrt: Dromedar gegen Pferd. Kaum zu glauben, wie das Kamel im Galopp seine schlaksigen Beine wirft, während die Pferde mit eiligen Schritten des Trabers in der Dunkelheit verschwinden.

Eine indische Bahnreise

Straßenverkehr in Indien und insbesondere in den Großstädten wie Bombay bedeutet permanenten Kampf der Fahrer um ein paar Ellen Vorsprung.

Eine *catch as can* Taxifahrt zum *Victoria Bahnhof*: anfangs liegen die Straßen im ersten Morgenlicht verweist. Doch bald belebt sich die Szene: Straßenschläfer erheben sich von dürftigen Lagern. Weiße höckrige Kühe mampfen frisches Grün. Zwei Jogger stampfen um den Wohnblock. Vor einem Milchladen warten Frühaufsteher mit Henkelkannen. Immer mehr Fuhrwerke verstopfen den Weg. Männer laden Obst und Gemüse auf der linken Fahrbahn ab. Der Markt blockiert bald die Straße. Bombay ist erwacht. Ein paar tausend Taxis warten auf Kunden, um sich mit den zu Büros Eilenden ins Fahrgetümmel zu stürzen. Wie uniformiert wirken die vielen Angestellten. Fast alle tragen weiße Hemden über dunklen Hosen, und die meisten haben eine schwarze Aktentasche dabei.

Das Durcheinander in der Bahnhofshalle ist nicht so erschreckend wie erwartet. Die auf dem Steinboden Liegenden und Hockenden halten schmale Schneisen für Reisende frei. Hinter drei rotuniformierten Trägern, die unser Gepäck auf einem Karren schieben, erreichen wir den Bahnsteig. An der Anschlagtafel hängen Telexlisten, auf denen die Wagen- und Sitznummern der reservierten Plätze aufgeführt werden. Im Wagen A 1 erwarten uns zwei Betten. Die Reise nach Bangalore soll 24 1/2 Stunden dauern.

Im Trubel vergessen wir fast Phileas Fogg. Jules Verne schrieb über seine dramatische Abfahrt vom selben Bahnhof, der damals allerdings noch nicht *Victoria Terminus* hieß:

»Fünf Minuten vor acht, also einige knappe Minuten vor Zugabfahrt, erreichte Passepartout den Bahnhof, ohne Hut, barfuß und ohne das Paket mit den Einkäufen, das er während der wilden Flucht verloren hatte. Der Zug war fahrplanmäßig abgefahren. Er führte eine beträchtliche Anzahl von Passagieren mit sich, Offiziere, Zivilbeamte und Opium- und Indigohändler, deren Geschäfte sie in den östlichen Teil der Halbinsel riefen.«

In unserem Waggon A 1, der bei der Buchung als Erster-Klasse-Wagen bezeichnet worden

war, surrt die Klimaanlage und zusätzlich verteilen Ventilatoren in den zum Gang offenen Abteilen die gekühlte Luft. Das ist der Luxus. In ihren Bauteilen gleichen die klimatisierten Waggons denen der 2. Klasse, nur daß bei den letzteren die Außenfenster hochgestemmt worden sind und quer verschraubte kräftige Rundeisen das Hineinklettern verhindern. Diese Waggons erwecken dadurch auf Fremde den Eindruck von Gefängniswagen. Unser Traum von einem Luxuszug, in dem sich livrierte Zugbegleiter ständig um das Wohl der in getrennten Coupés untergebrachten Reisenden kümmern, schmilzt so schnell wie Eis in Bombay. Das für vier Personen bestimmte Abteil läßt sich – ähnlich wie bei Liegewagen – nachts in je zwei obere und untere harte Liegen verwandeln. Gemusterte graue Vorhänge schaffen dann zum Gang hin ein wenig Abgeschlossenheit.

Die Fenster sind nicht viel größer als die der Flugzeuge. Durch wärmeabweisende Bedampfung schimmert das Licht nur gefiltert hinein, während der Ausblick wie durch eine starke Sonnenbrille getönt wird. Die optische Faszination der indischen Landschaften ist so leider recht getrübt. Trotzdem haben wir Glück mit den Reisegefährten: einem jungen, erst seit einem halben Jahr verheirateten Paar aus Bombay. Beide arbeiten bei der Niederlassung der größten deutschen Bank. An Gesprächsstoff mangelt es nicht. Wir sind erstaunt, wie nüchtern und realistisch beide ihre Zukunft sehen. Ein eigenes Haus kommt wegen hoher Grundstückspreise und langer Fahrzeiten zur City nicht in Frage, da wollen sie lieber in der dem Büro nahen Wohnung bleiben und das Leben nutzen und genießen.

Für empfindsame Weltenbummler bedeutet die gut 24stündige Zugreise eine Belastung. Kinderlachen und Gesang schwappen fast ständig in das nicht abgeschlossene Abteil. Lärmende Limonadenverkäufer durchforsten stets aufs neue den Zug. Das angebotene, in Folien verpackte Essen kann es mit normalen indischen Speisen an

Indische Eisenbahnen bieten – wie bereits bei Jules Vernes Romanhelden – auch heute noch hautnahen Kontakt mit Menschen vieler Klassen. In *A.C.-Waggons* kühlt die Klimaanlage die Temperatur auf ein für Europäer erträgliches Maß. Bei normalen Wagen sorgt Durchzug für frische Luft.

Qualität nicht aufnehmen. Trotzdem, diese erste Bahnfahrt durch Indien schenkt uns Eindrücke, die wir nicht missen wollten. Und der vom Service europäischer Bahnen gar nicht verwöhnte Reisende genießt ganz Ungewohntes: da springen die Kofferträger bereits vor dem Halt in Bangalore auf den Zug, drängen sich durch den Gang und bieten ihre Dienste an.

Unser nächstes Ziel ist Mysore. Die Umsteigezeit beträgt nach fahrplanmäßiger Ankunft nur fünf Minuten. Doch unser Zug kommt verspätet an, und wir starten nicht mit Koffern, Stativ und Kamerataschen zum Dauerlauf. Das hieße treppauf hasten, auf den Übergang zum anderen Bahnsteig eilen und wieder treppab. Statt dessen frühstücken wir in einem Hotel und setzen uns in den währenddessen eingetroffenen Mietwagen. Der Preis einschließlich Fahrer zum 150 km entfernten Mysore ist nicht höher als die Taxe einer deutschen Droschke von der City zum Flughafen.

Nach den Erfahrungen im Verkehr Bombays gibt es keine Diskussion, ob wir nicht lieber selbst das Steuer in die Hand nehmen sollten. Auf indischen Straßen gäben selbst neapolitanische Taxifahrer nach kurzer Zeit auf. Obwohl, wie in England, links gefahren wird und links vor rechts Vorfahrt hat, bedeuten diese Regeln kaum etwas. Wer um Sekundenbruchteile den Kühler vorn hat, wer um Millimeter knapper fährt, gewinnt eine Wagenlänge, überholt noch gerade, drängt den anderen vom schmalen Asphaltband. Dabei kommt es selten zu Unfällen. Begegnungen, die in Europa zu Herzattacken führen, meistert der routinierte Inder mit viel Hupen, einem Lächeln und der Eingebung. Er ahnt, wer in diesem Augenblick der Stärkere ist. Nun wäre der Straßenverkehr ein Kinderspiel, bliebe er auf motorisierte Teilnehmer beschränkt. In der Stadt wie auf dem Land machen sich unter hohen Lasten schwankende Radfahrer, einzelne oder mit Stricken zu zweien geknotete Kühe, spielende Kinder und immer wieder unzählige Menschen den Raum streitig.

Die Paläste des Maharadjas von Mysore

Nach drei Stunden Fahrt von Bangalore erreicht das Auto Mysore. Unterwegs hält der Fahrer an, damit wir einen besonders schönen, gerade restaurierten Hindu-Tempel aufsuchen können. Der Besuch führt zu einem kurzen guten Gespräch mit einem der mit nacktem Oberkörper betenden Priester. Wie so oft in Indien geht es um religiöse Toleranz, die der Hindu in seinem Glauben verwirklicht sieht. Zum Abschied legt mir der Tempelhüter eine Kette Jasminblüten um den Hals und wünscht uns eine gute Reise.

Der Palast auf der Anhöhe bei Mysore nimmt uns den Atem. Blendend weiß leuchtet der gewaltige Bau aus trockenen, nach Regen lechzenden Weiden. Die Kuppel wölbt sich gewaltig über das breite neoklassizistische Gebäude. Das Weiße Haus in Indien? Ein Bischofssitz mit integrierter Kirche? Der Fremde ist sprachlos, bis der Fahrer erklärt: »Das ist der Sommerpalast des Maharadjas von Mysore, das ist Ihr Hotel.«

Uniformierte Sicherheitsbeamte öffnen mit einem freundlichen Willkommen die Wagentüren, stauen rasch und professionell das Gepäck auf einem Karren. Das Einchecken geschieht zügig. Als Überraschungsbonbon der Indiendurchquerung buchte das Reisebüro dieses Quartier. In der ruhigen Saison, vor dem Monsum Mitte Juni, seien noch Zimmer frei, sagt der Empfangs-

Am Weg bei Bangalore: ein mit Baumwolle hochbepacktes Fahrrad und einer der vielen kleinen Läden, die fast überall Obst und gekühlte Getränke verkaufen.

Der Schmuck dieses frisch restaurierten Hindutempels bei Bangalore schwelgt in Farben und Formen.

chef, im Herbst und Winter sei man meist ausgebucht, »because we have a lot of famous guests«'.

Im Gästebuch haben sich Philipp und Charles Windsor, Helmut Schmidt, Präsidenten, Minister und viele Prominente aus aller Welt eingetragen. Die Innenmaße des Palastes sind ebenso gewaltig wie die äußeren. In den säulengetragenen Gängen kann man nur wandeln, nicht einfach so dahingehen. Das *Lalitha Mahal* entstand Anfang des Jahrhunderts während der Regierungszeit des letzten wirklich bedeutenden Maharadjas von Mysore. Hier ließ der Potentat seine ihm wichtigen Gäste wohnen. Er selbst baute auch in der Stadt einen Palast, nachdem der 200 Jahre alte zum großen Teil durch Feuer zerstört worden war. 1912 wurde das neue Schloß nach 15jähriger Bauzeit eingeweiht.

Der *Mysore Palace* entwickelte sich seit der Unabhängigkeit Indiens zu einer der bedeutendsten Touristenattraktionen. Ähnlich wie in Versailles oder in Potsdam strömen in nicht endenwollenden Schlangen die Besucher durch das Haupttor. Der Eintrittspreis ist mit fünf Rupien bescheiden, doch für Kamera- und Schuhaufbewahrung, für verkrüppelte Bettler und hilfreiche Führer wird der Fremde rasch und ständig weitere kleine Scheine los.

Die Mysore-Dynastie sei 1399 gegründet worden, berichtet der Führer. Das kleine feudale Königreich erlebte 24 Herrscher, die mit einigen Unterbrechungen bis zur Republik 1947 an der Macht waren. Der für Palast, Sommerresidenz und viele öffentliche Bauten verantwortliche große Maharadja Mummadi Krishnarajo Wadiyar bestimmte von 1895-1940 autoritär über das Leben seiner Untertanen. Er war ein schwerer, ausladend gebauter Mann, den zehn starke Männer schwitzend in der mit Silber beschlagenen Sänfte schleppen mußten. Der Sohn des alten großen Königs lebt – ebenfalls wohlbeleibt – bis heute in einem Gebäude neben den Palästen. Außer Elefanten und Kamelen besitzt er einen Rennstall, viele Häuser und weite Ländereien. Ein weiteres früheres Jagdschloß auf dem Berg über Mysore wird zur Zeit renoviert und soll bald als weiteres Hotel genutzt werden.

Alte Paläste besitzen fast alle eine ähnlich muffig-verwaiste Atmosphäre. Das neue Schloß des Maharadjas diente zudem nicht als Wohn-, sondern Repräsentationsgebäude. Kahle weite Pracht, aus teuren Materialien zusammengefügt, breitet sich aus. Die vielen tausend Besucher aus Indien schlappen barfuß durch die imponierenden Säle und erleben hier im Diesseits eine Welt, die sie vielleicht erst im Jenseits erwartet hätten.

Eindringlicher und sehenswerter sind für den Fremden die verbliebenen Teile des alten, zu einem Museum erweiterten Palastes. Ursprünglich, vor gut dreihundert Jahren in harten tropischen Hölzern kunst- wie liebevoll errichtet, vermittelt er auch nach dem Wiederaufbau 1799 Einblicke in vergangene Lebensgewohnheiten des höfischen Lebens. Im jetzigen Mittelpunkt liegt der große Innenhof. Er wird von Arkaden der im Carré angeordneten zweistöckigen Gebäude umschlossen. Ein Springbrunnen plätscherte vormals und spendete Kühle. Der thronähnliche Sitz zeigt, wo der Maharadja saß, umgeben von den Männern des Hofes. Zu seiner Erbauung ließ er Musikanten aufspielen, Tänzerinnen sich in weichen Bewegungen darbieten. Die Frauen des Hofes durften von der Balustrade des oberen Geschosses dabei hinabsehen.

In den Dschungel, zu den Elefanten

Jules Vernes Erzählung vom Ritt auf einem Elefanten, um den Anschluß an die unterbrochene Eisenbahnverbindung zu erreichen, gehört zu den besonders einprägsamen Passagen des Buches. In der deutschen Übersetzung heißt es:

»Der Zugführer kam den Zug entlang und rief immer wieder: ›Alle Reisenden aussteigen!‹ Nach erregten Debatten stellte sich heraus, daß die Eisenbahnstrecke bis zum 50 Meilen entfernten Allahabad noch nicht gebaut worden war. Nach vergeblicher Suche nach einem Transportmittel fand schließlich Diener Passepartout einen halbgezähmten Elefanten. Kiuni, wie das Tier hieß, konnte wie seine Artgenossen über längere Zeit große Marschleistungen erbringen, und da es sowieso keine andere Möglichkeit gab, von hier fortzukommen, entschloß sich Phileas Fogg für dieses Transportmittel.«

Anschließend schilderte Jules Verne ausführlich die Kaufverhandlungen, die erst beim Preis von zweitausend Pfund einen Abschluß zeitigten. Und weiter schrieb Verne:

»Phileas Fogg bezahlte den Inder mit Banknoten aus dem nachgerade berühmten Reisesack, in dem ursprünglich zwanzigtausend Pfund steckten. Ohne weitere Verzögerung wurde der Elefant hergeführt und ausgerüstet. Der mit engagierte Parse kannte seinen Beruf als Mahout von Grund auf. Er bedeckte den Rücken des Elefanten mit einer Schabracke, und auf jeder Seite brachte er eine Sitzgelegenheit an.«

Fast jeder, dem wir vor der Reise von unserem Vorhaben erzählten, fragte: »Werdet ihr in Indien auch auf einem Elefanten reiten?« Diese Story erhielt durch zahlreiche Gespräche eine überragende Bedeutung. Wir durften hier ein Stück der Verneschen Originalroute abkürzen, dort einen zusätzlichen Aufenthalt einlegen, aber der Ritt auf einem Elefanten durfte nicht fehlen. Über indische Quellen recherchierten wir nach Reitelefanten ohne Erfolg. An der Strecke Bombay-Calcutta fand sich keiner. Auch der Ritt von zwei mutigen Weltenbummlern vor gar nicht langer Zeit hatte auf Zirkuselefanten bei

Zwei Paläste faszinieren in Mysore: links der frühere Sommerpalast, der für Gäste des Maharadjas bestimmt war, er ist heute ein nobles Hotel. Der neue Palast – im Bild rechts – wurde erst 1912 fertiggestellt und ist jetzt eine der meist besuchten Sehenswürdigkeiten Indiens.

Neu Dehli stattgefunden. Wie die jungen Frauen hinterher schrieben: »Wir ritten neben dem Highway am Flughafen, behindert durch quer gespannte Telefonleitungen.«

»Sie können auf jeden Fall in den Nationalparks bei Mysore reiten«, versicherte das indische Touristoffice. Die Auskunft bestimmte letztlich unsere Entscheidung, von Bombay den Subkontinent nicht nach Calcutta, sondern nach Madras zu durchqueren. Die Elefanten legten unsere Route fest.

Von der schön und großzügig angelegten Gartenstadt Mysore fährt man über holprige, ausgefahrene Straßen rund 80 Kilometer zum *Kabini River Lodge*. Die Asphaltpiste ist großenteils so schmal, daß bei jeder Begegnung beide Wagen rumpelnd auf tiefer liegende Randstreifen ausweichen müssen. 1955 wurden die ersten Wildreservate im Süden unter besonderen Schutz des Staates gestellt. Später erfolgte der Zusammenschluß mit weiteren Arealen, so daß der National Park heute an die 650 Quadratkilometer mißt. Tierschutz gehört zum wichtigsten Anliegen des Parks, aber auch die behutsame Pflege von Teakwäldern und seltener Fauna obliegt Förstern des Staates.

Die Flora in 750 bis 850 Meter Höhe bietet Elefanten etliche Leckerbissen von der *Bende Kydia Calycina* bis zum Bambus, der an den Ufern des Kabini gedeiht. Die Seen des seit 1974 angestauten Flusses dienen den Tieren auch in der Trockenzeit als nie versiegende Tränke. An den Ufern wächst reichlich Nahrung. Kein Wunder, daß am Kabini bis zu 55 Tiger gezählt wurden, die reichlich Wild unter den gepunkteten wie rehbraunen Hirschen finden. Doch wir sind auf der Pirsch nach Elefanten, ihretwegen haben wir den weiten Weg gemacht.

Im *Kabini Lodge*, einer Anlage bestehend aus Haupthaus, überdachtem Eßplatz und zahlreichen Bungalows, hat man sich auf Touristen eingestellt. *Jungle activities* nennt man die Fahrten mit offenen Vierradwagen. Tiersuche und Beobachten, Filmen und Fotografieren stehen auf dem Programm.

Unsere Phantasie ist dabei leider allzuoft von Gesehenem belastet. *East-of-Africa*-Stimmungen sind es, die uns nur langsam den unvoreingenommenen Genuß erlauben. Erst als wir dann im Rondell des Eßplatzes sitzen, auf den See hinaus träumen, während Affen im unbeobachteten Augenblick von der Theke Brot stibitzen, zwei Raben fordernd zu uns segeln und ein schwarzweißes Schaf zwischen die Tische trottet, erst in diesem Augenblick stellt sich die richtige Stimmung ein.

Von seinen Wildhütern wird der Chef des *Kabini Lodge* respekt- wie liebevoll *Baba*, Vater, genannt. Außenstehende reden ihn mit Colonel an. Seit dreizehn Jahren leitet er die Anlage. Ein Mann jenseits der regulären Pensionsgrenze, der an Wurzelholz erinnert, der nicht verknöchert, aber knorrig ist. Das zu eifrige Fragen nach Elefanten nutzt der Colonel zu einem rasch durchschaubaren Schabernack: »We have to look for one who fits your intensions«, und auf geht die Fahrt über Forstwege und Pisten. Nach einem großen Bogen, den wir um eine beliebte Wasserstelle fahren, nach Affen, Pfauen und Hirschen, die wir ansehen, kommen wir plötzlich aus dem Wald heraus. Vor uns liegt saftiges Grün und der See, und uns durchzuckt Aufregung. Nur einen Steinwurf entfernt grasen vier Elefanten. Zwei weitere, eine tiefdunkle Kuh mit einem Kalb, stehen dicht beieinander. Das Muttertier steht breitbeinig und läßt Wasser, so kräftig wie aus einem Hydranten plätschert es eine volle Minute lang.

»Now which one would you like to ride«, meint der Colonel, doch ich komme zu keiner Antwort. Unerwartet schnell und heftig nähert sich im Laufschritt eine der Elefantenkühe, trompetet dabei und schlägt mit ihren riesigen Ohren. Der Colonel ruft ein paar beruhigende Urlaute, die wie »Baba Baba« klingen, der Motor springt an, und rasch sind wir wieder im Wald, durch Gebüsch getarnt. »Ich kenne die Mutter, der wir uns eben zu sehr näherten bereits seit acht Jahren«, berichtet der Colonel, »ich bin auch sicher, sie erkennt meine Stimme, aber wir wollen kein Risiko eingehen, und solange die Kälber klein sind, bleiben die Elefanten unberechenbar.«

Wieder springen Affen über die Piste, beobachten den Wagen, verziehen die Maske, um sich dann rasch und spielerisch in nahegelegene Bäume zu schwingen. Ein Pfau schlägt Rad, wirbt um die im Gras kaum zu erkennende Henne. Unbekannte Vögel im grellen bunten Gefieder flitzen zwischen Büschen umher. Mit verhaltener Stimme erklärt der Colonel die steinharten Wohnburgen der Termiten.

Am Feuerplatz brennen ein paar Äste, obwohl unter der einbrechenden Nacht das Thermometer immer noch 25 Grad anzeigt. »Das schützt auch gegen Moskitos«, sagt einer der Männer an der Theke. Zweimal am Tag serviert *Kabini Lodge* warmes Essen. Neben indischem Essen gibt es reichlich Salat. Neben Hammel und Huhn steht auch ein vegetarisches Gemüsegericht auf dem Tresen. Reis und Fladenbrot vervollständigen das Menü, von dem sich jeder nimmt, soviel er mag. Auch bei den Getränken ist das Lodge nicht prüde. Während man in kleinen Restaurants, entsprechend der Regeln von Hindi und Muslimen, nur Softdrinks reicht,

Elefanten-Paradies im *Kabini Reservat:* Nach Anstauen des Flusses finden die sich wieder vermehrenden Elefanten an den Ufern nun auch zur Trockenzeit reichlich Nahrung. Geeignete Tiere werden vom Mahout zur Arbeit abgerichtet.

Folgende Seiten: Der Ritt auf einem Elefanten gehört zum unerläßlichen Programmpunkt einer Weltreise auf Jules Vernes Spuren.

Im Areal des *Kabini Lodge* turnen Affen bis zu den rustikalen Holzhäusern der Unterkünfte. Wenn niemand aufpaßt, stibitzen sie den Zucker sogar vom Teetablett.

schmeckt das kalte Bier nach der Fotosafari besonders lecker.

In der Morgendämmerung klopft der Hausbetreuer an die Türen. Der *early morning tea*, eine englische Institution, steht dampfend auf dem Tisch der Loggia, gewissermaßen als Wachmacher. Eine halbe Stunde später rollen die Geländewagen auf getrennten Pisten in den Dschungel. Morgennebel hüllen nach Regenfällen des Abends die Hügel ein. Die Stimmung über dem See erinnert an irische Landschaften. Alle im Wagen schweigen. Wird der Colonel einen Tiger an der Tränke oder im Bambus entdecken? Neben Fahrspuren macht er Tatzenabdrücke aus. Einkochtopfgroß haben sich die Pranken in die feuchte Erde gedrückt. Wir sind gespannt und schließlich enttäuscht. Der Tiger, dessen Spuren wir bereits folgten, verdrückte sich im Dickicht.

Auf Wegen, die nur ein Geländewagen packt, erreichen wir die Station der Elefanten. Der Ritt durch den Dschungel ist Höhepunkt der Tage im *Kabini Lodge*. Ein Podest erleichtert das Aufsitzen. In dem Gestell können bis zu vier Erwachsene auf dem Rücken der zahmen Tiere Platz nehmen. So wie auf den Illustrationen zu Jules Vernes Buch sitzen wir Rücken an Rükken und stellen die Füße auf eine unter dem Sitz baumelnde Stange. Drei Elefanten trotten hintereinander los. Für uns ist der große Augenblick gekommen, den wir als einen Höhepunkt der Weltreise nie vergessen werden. Das weiche seitliche Schwingen gleicht dem Rollen eines Bootes auf bewegter See, nur daß hier Schritte und nicht der Wellengang unser Schaukeln bestimmt. Mag sein, daß Empfindliche nach längerem Marsch seekrank werden. Uns gefällt die kurze Tour mit dem Blick über Gehölz und in den Dschungel besonders gut. Wir möchten gerne einmal eine längere Tour auf Elefanten reiten. Während der Mahout das Tier leitet und antreibt, geht uns das Gespräch des Colonels durch den Kopf: »Anfang Mai gehen wir für drei Tage auf eine Tour. Und wenn das gut abläuft, wollen wir hier am Kabini des öfteren Ritte mit Übernachtungen in Zelten organisieren.«

Jules Verne und die Unwägbarkeiten eines Reiseprogramms holen uns von der rosa Wolke, auf der wir schweben, zurück. Das Reisebüro in Bangalore rät telefonisch dringend zur sofortigen Rückkehr und Weiterfahrt nach Madras. Wegen des 1.-Mai-Feiertages und des bevorstehenden Wochenendes sei das Ausklarieren bei *Immigration* und *Customs* nur noch am folgenden Tag möglich. Schweren Herzens streichen wir die Pläne für den folgenden Tag und rollen in fünf Stunden mit halsbrecherischen Überhol- wie Begegnungsmanövern über Mysore zurück nach Bangalore. Fast schaffen wir den Termin bei der Agentur nicht. In der kleinen Stadt steht der Verkehr gegen Abend still. Ein Umzug mit Karren, Plattträgern und Musikanten blockiert das Vorankommen auf der Durchgangsstraße.

Schwül steht die Luft in Madras

Am folgenden Morgen warten wir bereits um Viertel vor sechs auf dem Bahnsteig, studieren die an den Waggons angeklebten Reservierungslisten, finden im nicht klimatisierten Teil noch Plätze. Die begehrten Sitze in Wagen mit *air conditioning* sind wegen indischer Ferienreisender seit langem ausgebucht. Zu dritt sitzen wir eng, so daß ich nur mit angepreßten Ellbogen Notizen schreibe.

Die Reisepartner erweisen sich als zurückhaltend und freundlich. Zögernd kommen Gespräche in Gang. Neben den üblichen Fragen nach dem Woher, Wohin und Warum, bieten die Nachrichten der Zeitungen, die wir austauschen, Anlaß zu Diskussionen. Fast einhellig ist die Meinung, daß die Mehrzahl der Minister und Politiker korrupt sei, daß die verschiedenen Bevölkerungsgruppen – wie seit Hunderten von Jahren – ohne den Einfluß der Parteien und Religionsfanatiker friedlich miteinander leben könnten.

Schwül und stickig steht die heiße Luft auf dem Bahnhofsplatz in Madras. Innerhalb weniger Minuten rinnt der Schweiß über Schläfen und Nacken. Auch die Einheimischen wischen sich unentwegt mit Taschentüchern das klebrige Naß ab. Mittags steht das Thermometer auf 37 Grad im Schatten, bei vom Meer bedingter hoher Luftfeuchtigkeit. »Im Mai und Juni wird es noch heißer«, meint der Schiffsagent, der uns abholt und zum Hotel fährt. Dort, im eleganten Foyer, schafft die Klimaanlage erträgliche Temperaturen, aber in den nicht gekühlten Fluren riecht es nach Brackwasser und verschimmelten Teppichen. Im Zimmer konkurrieren verschiedene Gerüche: Modergeruch und Mottenkugelduft werden durch den Luftstrom der Klimaanlage durcheinander gewirbelt.

Auch wenn die Abkühlung im Schwimmbad nur kurz vorhält, im Schatten neben einer plätschernden Kaskade kann man es bei einem kalten Getränk aushalten. Der folgende Nachmittag bringt für uns den Hitzerekord. Im Jeep des Agenten staut sich die Schwüle. Beim *immigration office* drehen sich zwei Ventilatoren und quirlen die feuchte Luft des Hafens durcheinander. Am Waschbecken, in der Ecke des dunklen Büros, lassen Angestellte in Folge Wasser über Hände und Gesicht laufen. Der Beamte schaut uns länger in die Augen, so als wisse er schon allzuviel. Es folgen ein paar Fragen, und dann überträgt er die Personalien in ein dickes Buch, stempelt hier und in den Pässen und auf den Torpassierscheinen. Rechtlich sind wir nach dem Ausklarieren bereits wieder außer Landes, aber wir dürfen noch zwei Tage als Schiffsbesucher Madras und Umgebung erkunden.

Madras ist seit früher Zeit das Tor Indiens zum Süden. Von seinem Seehafen verschifften die Chola-Könige bereits im elften Jahrhundert Waren nach Persien und Arabien, aber ebenso in den Fernen Osten nach China. Im 16. und 17. Jahrhundert waren Seiden und Sandelholz begehrte Produkte, die am Hof der Vijayanagar-Dynastie beliebt waren.

Dicht am Bengalischen Meer gelegen, ziehen die *Tempel von Mahabalipuram* viele Touristen an. Die Bauten und Figuren waren als Proben ihres Könnens von Steinmetzen aus dem Granit gemeißelt worden, sie dienten nie religiösen Zwecken. Der bis vor kurzem vom Wasser bedrohte, nicht weit entfernte, *Jalasavana Tempel* wurde durch den Bau eines Damms vor dem Verfall bewahrt.

Heute ist Madras die Hauptstadt des Staates Tamil Nadu, in dem tamilisch gesprochen und geschrieben wird. Als Verkehrsknotenpunkt hat neben Bahn und Flugzeugen auch der Handelshafen an Bedeutung gewonnen. Der Containerhafen ist beispielsweise wesentlich moderner ausgerüstet als der von Karachi. Madras im Südosten Indiens ist ein Pendant von Bombay an der Westküste. Die Statistik zeigt für die viertgrößte indische Stadt (nach Bombay, Calcutta und Delhi) ähnliche Daten: der wirtschaftlich bedeutende Ballungsraum um Madras wird von Arbeitsuchenden erdrückt. Meist sind es notleidende Bauern, die hier ein besseres und leichteres Leben erhoffen. Gegen das rasche Anwachsen der Bevölkerung, wie der Slumviertel, zeitigen Maßnahmen der Behörden nur geringen Erfolg. Rund neun Millionen sollen heute im Großraum leben. Für die kommenden 25 Jahre rechnen Experten mit einer Verdoppelung der Einwohnerzahl.

Auch auf Fahrten durch die Stadt zeigt Madras entsprechende Strukturen wie Bombay. Im Kern der recht jungen, seit 1639 bestehenden, Kommune fallen eine Reihe von Bauten aus der Kolonialzeit auf: der 1892 eingeweihte *High Court*, die *Victoria Public Hall* und einige ältere Universitätsgebäude. Doch Madras wirkt europäisch. Es ist durchwachsen von vielen Grünanlagen, es ist nicht ganz so hektisch, etwas liebenswerter. Nur vereinzelt schlafen Obdachlose auf den Bürgersteigen der Innenstadt. Weniger Kühe trotten durch den Verkehr. Nicht ganz so viel Unrat liegt auf den Hauptstraßen. Der Weltreisende steht in einer tropischen Handelsstadt, die erster Sitz der Britisch-Ostindien-Gesellschaft war. Das war in besagtem Jahr 1639, als die Niederlassung beim Fischerdorf Madraspatnam gegründet wurde. Wer Interesse und Zeit für die Geschichte hat, findet im *Fort Sankt George* zahlreiche Zeitdokumente. Wer allerdings mehr das quirlige Leben der Jüngeren sucht, sollte abends vor Sonnenuntergang an den Marina-Strand gehen, dort findet er, ähnlich wie an der *Juhu Beach* in Bombay, Menschen so ausgelassen und fröhlich wie an nur wenigen Orten unserer Erde.

In der Nähe von Madras liegen bedeutende Pilgerorte, die der Reisende, wenn er noch die Zeit hat, unbedingt besuchen sollte. Um unsere rare Zeit voll nutzen zu können, buchen wir mit dem Paketangebot des Reisebüros einen Mietwagen mit Fahrer und einer erfahrenen Fremdenführerin. Und, nachdem wir uns noch überreden lassen, den normalen Ambassador gegen ein Modell mit Klimaanlage zu tauschen, steuert der junge Fahrer sein Gefährt für europäische Begriffe todesmutig nach Kanchipuram.

Dichter Staub liegt über dem Ort, zu dem Wagen von Madras fast zwei Stunden für 80 Kilometer benötigen. Durch enge Gassen, die zu Tempeln führen, quälen sich Gespanne, Motorrikschas, Personenwagen und Pilgerbusse. Auf dem Platz vor dem Tor warten Postkarten- neben Sandalenverkäufern. Ständig wandern kleine Gruppen in die von hohen Mauern geschützte Anlage des *Ekambaregwara-Tempels*.

Die Pilgerstadt Kanchipuram bei Madras zählt über 100 Tempel. Besonders reich geschmückt ist der Vishnu geweihte *Vaikuntha Perumal Tempel* aus dem achten Jahrhundert (Bild rechts).

In Mythen der Inder ist der Elefant das Reittier des Götterkönigs Indra. Auch Gott Ganesha, der Sohn Shivas und Parvatis, wird mit einem Elefantenkopf dargestellt. Weiße Elefanten verehren die Inder als Regenspender. Im 34 Meter langen Relief »Arjunas Buße« in Mahalipuram werden, wie das Bild zeigt, ebenfalls Elefanten abgebildet.

In die weitläufigen Säulenhallen zieht es nicht nur die Bewunderer der schönen Skulpturen, sondern insbesondere Mädchen und junge Frauen, die Hindugott Shiva Heirats- wie Kinderwünsche vortragen. Dabei steht der 3500 Jahre alte gewaltige Mangobaum mit einer kleinen Kapelle im Mittelpunkt. Hier hat nach der Überlieferung Shiva seine Frau Parvathy geheiratet, und der schöne Baum hat angeblich die Jahrtausende unbeschadet überstanden. Und Shiva nacheifern wollen auch die vielen tausend Paare, die alljährlich hier heiraten.

Unter den Säulen der Vorhalle steht ein geschmückter Elefant, er wechselt gemächlich das Standbein, als wolle er sich die Zeit vertreiben. Zu seinen Füßen hockt eine Kinderschar, der eine Frau den Tempel erklärt. Schüchtern streichen zwei Mädchen über den Rüssel des Elefanten und springen erschrocken zurück, als das mächtige Tier seinen Rüssel anhebt.

Kanchipuram soll über 100 Tempel besitzen. Die rege Bautätigkeit wurde bereits von der *Pallava-Dynastie* gefördert, die hier vom 6.-8. Jahrhundert ihre Residenz besaß. Kunst und Handwerk erreichten damals ein hohes Niveau, für das insbesondere der Shiva geweihte *Kailasanatha-Tempel* und der Vishnu geweihte *Vaikuntha-Perumal-Tempel* zeugen. Beide stammen aus dem 8. Jahrhundert, der frühen Zeit der Hindubauten. Die später folgenden Sakralbauten datieren zum Teil aus dem 16. Jahrhundert.

Gegen Mittag überlagert eine nebelartige Staubschicht den Ort der heiligen Stätten. Im Schatten klettert das Thermometer auf 36 Grad. Die Sonne strahlt durch einen Hitzeschleier. Nur besonders eifrigen Kunstinteressierten gelingt es dann, mehr als fünf Tempel zu erforschen. Wir tauchen zum Abschluß ins Halbdunkel einer Kapelle. Der Priester führt um das kleine Heiligtum, zeigt die Seidenkleider, mit denen er die Gottesstatuen stets neu und festlich kleidet, dann taucht er einen Finger in rotbraunes Pulver, drückt uns den Farbpunkt auf die Stirn, wünscht uns segnend eine gute Reise.

Zum Abschluß des Ausflugs überrascht die Führerin mit einer Rast am Meer bei Mahabalipuram. Sie weiß, daß die meisten Fremden von Stränden mit Palmen träumen und sogar dann ins Wasser springen, wenn kein Inder daran denkt. Der Sand ist so heiß, daß die Fußsohlen selbst beim raschen Laufen brennen. Aber unter dem Sonnenschirm von Palmblättern streicht eine zarte Brise. Zu Fisch und Krustentieren gibt es kühles Bier. So hat sich unser Verleger die Reise auf Jules Vernes Spuren sicher vorgestellt, als er zum Abschied sagte: »Aber vergessen Sie nicht die vielen Erlebnisse und den Spaß, den Sie haben werden.«

Die 4. Etappe
Von Indien nach Hong Kong

Jules Vernes Romanhelden hatten mit dramatischen Zwischenfällen Indien durchquert und waren in Calcutta am Bahnhof eingetroffen. Doch bevor sie an Bord des Schiffes zur Weiterfahrt nach Singapore gehen konnten, wurden sie verhaftet. Der besessene Detektiv Fix hatte Diener Passepartout und Komplizen wegen der Tempelschändung in Bombay angezeigt. Fix hoffte nun endlich seinerseits, durch die Reiseverzögerung Phileas Fogg so lange aufhalten zu können, bis der Haftbefehl aus London eintreffen werde.

Der Richter sah die sogenannte *Tempelschändung* als erwiesen an. Bekanntlich hatte Passepartout in Bombay einen Hindutempel während des Gottesdienstes mit Schuhen betreten. Er konnte zwar fliehen, aber der Detektiv hatte den Fall aufgegriffen. Nur mit Hilfe von zweitausend Pfund aus der Reisekasse gelang es Fogg, die Strafe aussetzen zu lassen. Dabei war ihm bewußt, daß er die Kaution abschreiben konnte. Nur knapp erreichten die drei Weltreisenden den Dampfer *Rangoon* vor dem Auslaufen.

Die dritte Reisende war die gleichermaßen schöne wie zurückhaltende Frau Aouda, die unsere Helden – auf deren Fährte auch wir uns seit 21 Tagen befinden – im Dschungel, kurz vor der geplanten Witwenverbrennung, retteten. Derartig packende Erlebnisse hat der heutige Weltenbummler nur noch selten zu erwarten. Nur die wiederholt auftauchende Sorge um den nächsten Fahrtanschluß teilen wir mit Phileas Fogg.

Wie im dritten Kapitel bereits berichtet, haben wir große Mühe von der auf Reede vor Bombay liegenden *Contship Pacific* an Land zu gelangen, um unsere Indiendurchquerung einigermaßen nach Plan zu bewältigen. Ginge es nach dem indischen Zoll, hätten wir erst vier Tage später – wenn das Schiff im Hafen festgemacht hätte – an Land gehen sollen. Ein zweitesmal geraten wir beim Ausklarieren in Madras in Zeitnot. Aus diesen Erfahrungen geben wir den Rat an künftige Weltreisende weiter: planen Sie nicht zu knapp, bauen Sie genügend Puffertage vor und nach jeder Schiffsetappe ein. So anachronistisch dies klingt: so zügig wie vor 120 Jahren, zur Zeit der Achtzig-Tage-Reise von Jules Verne erfolgt die Abfertigung von Schiffsreisenden heute nicht.

Jules Verne gönnte seinen Lesern nach den indischen Abenteuern eine Spannungspause. Emphatisch schrieb er über die Schiffsfahrt nach Singapore:

»Der erste Teil der Fahrt mit der *Rangoon* ging unter den besten Bedingungen vor sich. Das Wetter war angenehm. Jener Teil der immensen Bucht, die von den Seeleuten *Bengalischer Busen* genannt wird, war der Fahrt des Dampfers günstig gesinnt. Das Inselpanorama, das sich vor den Reisenden auftat, war unsagbar schön. Riesige Wälder von Fächerpalmen, Arekapalmen und Bambus, von Muskat- und Teakbäumen, von gewaltigen Mimosen und baumartigen Farnen standen im Vordergrund, während sich im Hintergrund die elegante Silhouette der Berge abzeichnete. An der Küste brüteten zu Tausenden die ostindischen Schwalben, deren eßbare Nester im Reich der Mitte ein begehrter Leckerbissen sind. Doch das ganze vielfarbige Schauspiel, das der *Andaman-Archipel* den Reisenden bot, entschwand allzu rasch dem Blick, und die *Rangoon* dampfte in schneller Fahrt der *Malakka-Straße* zu, die ihr den Weg ins Chinesische Meer freigab.«

Bevor wir in den Genuß ähnlicher Schiffsreiseerlebnisse kommen, müssen wir auf die Abfertigung des nächsten Frachters warten.

Mahabalipuram (oberes Foto) und Kanchipuram sind unerläßliche Reiseziele des Weltreisenden.

Nach früheren Piratenüberfällen wecken in der Straße von Malakka sogar Fischerboote die erhöhte Aufmerksamkeit der Schiffsführer.

In der Kabine des Kommissars

Das Containerschiff *Tiger Bay* hat am letzten Platz des Terminals festgemacht. Moderne Containerbrücken schieben sich über Ladeluken, und Kräne hieven die großen Boxen mühelos aus dem Schiffsraum heraus, so als nähme man mit der Zuckerzange einen Würfel aus der Dose.

Die *Tiger Bay* wirkt im schwarzen Außenanstrich mächtig und ein wenig düster. Nur die Aufbauten leuchten im frischen Weiß. Mit knapp 170 Meter Länge gleicht sie unserem vorangegangenen Schiff, der erst wenige Jahre alten *Contship Pacific*. Aber während Eigner, Reeder und Charterer bei der *Pacific* ein steuerlich günstiges Konzept ausgeknobelt haben und die Schiffe meist nach acht Jahren veräußert werden, sieht die Rechnung bei der *Tiger Bay* ganz anders aus. Der griechische Eigner und Reeder, der zur Zeit rund siebzig Schiffe besitzt, kaufte vor einigen Jahren Schiffe der russischen Staatsreederei. Diese benötigte offensichtlich Geld. Gebaut wurde die *Tiger Bay* vor rund 25 Jahren auf der damaligen VEB-Werft in Rostock mit einer Reihe typgleicher Schwesterschiffe. Zur Zeit läuft sie als Feederschiff zwischen Madras und Singapore unter zyprischer Flagge.

Im Schiff selbst erinnern Resopalwandplatten und veraltete Vorhänge aus Kunstfasern an Raststätten der DDR. Alles ist ordentlich, aber bieder. An den Wänden sind noch Bilder aus der russischen Fahrenszeit verschraubt. In unserem Salon stemmt sich ein bärtiger, blutverschrammter Mann in einen breiten Riemen beim Treideln des Wolgaschiffes. Die Unterkunft, in die wir eingewiesen werden, besteht aus Wohn- und getrennter Schlafkabine. In dem kargen Duschabteil ersetzen aufgeschnittene Plastiksäcke einer Hamburger Schiffswäscherei die Duschvorhänge. An der Tür klebt noch ein Schild mit der russischen Aufschrift *Steuermann*. Doch der Kapitän erklärt lächelnd: »Das war die Kabine des Kommissars.«

Der Kapitän ist ein smarter gesprächiger Fünfzigjähriger. Wie der Erste Ingenieur und die meisten Offiziere ist er Grieche. Außer zwei polnischen Besatzungsmitgliedern rekrutiert sich die Crew aus Philippiner. Der hohe Anteil der philippinischen Seeleute auf europäischen Schiffen hat einen guten Grund: bei Manila bildet man auf einer Schule künftige Seeleute aus, und die Absolventen sind als zuverlässig und *preisgünstig* bekannt. Dank des niedrigen Lebensstandards in der Heimat liegt die Heuer weit unter denen europäischer Matrosen. Trotzdem können die auf europäischen Schiffen fahrenden Seeleute zu Hause überdurchschnittlich gut leben. Wie uns der Steuermann berichtet, leisten sich viele für die Familie eine Hausangestellte.

Die Stimmung an Bord wird von Griechen bestimmt. »Kommen Sie zu uns hinauf aufs achte Deck, wenn Sie sich eingerichtet haben«, sagt der Kapitän. Und kurz darauf begrüßt uns auch seine Frau, die für eine Weile mit an Bord lebt. Auf dem Tisch im Kapitänssalon warten Ouzo, Schafskäse und Langustinen. Die Stimmung ist sogleich locker und herzlich. Englisch dient, wie fast überall auf See, als Umgangssprache. Auch an den folgenden Abenden treffen wir uns mit den Griechen beim Kapitän zu langen Unterhaltungen beim Whisky. Als Passagiere freuen wir uns mehrfach zu hören: »Schön, daß Sie an Bord sind, wir haben dadurch auch eine willkommene Abwechslung. Sie können sich ja sicher vorstellen, daß es recht eintönig werden kann, so ständig zwischen Madras und Singapore zu pendeln.«

Im Gegensatz zur *Contship Pacific*, auf der ein Philippine für Mannschaft und Gäste kocht, ist auf der *Tiger Bay* ein Grieche Küchenchef. Entsprechend werden die Gerichte abgeschmeckt. Mittags und abends bereits um 12 und 17 Uhr Bordzeit wird kräftig aufgefahren, während sich morgens jeder Pulverkaffee oder Tee zubereitet und, wie in den Mittelmeerländern üblich, nur wenig ißt, sind die Hauptmahlzeiten reichlich: Salat und mehrere Vorspeisen bilden das Entré. Huhn, Kaninchen, Rinderbraten oder Fisch stehen mit viel Gemüse, Reis, Kartoffeln oder Spaghetti auf dem Tisch. Ohne Dessert und griechischen Kaffee schließen die Griechen das Essen selten ab.

Für den Weltreisenden, der viele Eindrücke verarbeiten möchte und der – wie wir – Texte aufzeichnet, sind die jeweils vier oder fünftägigen Schiffsetappen wie zwischen Madras und Singapore und nach Hong Kong eine ideale Ergänzung zu den an Erlebnissen prall gefüllten Landreisen. Weltenbummler ohne derartige Passionen sollten viele Bücher, spannende Spiele und möglichst eine liebe Reisebegleitung mitnehmen, denn besonders die Abende können recht lang werden.

Vom Golf von Bengalen zur Straße von Malakka

Jules Verne beschrieb die Reise, wie wir gelesen haben, als wenn es sich um eine Flußfahrt gehandelt hätte. Offensichtlich führte hier, wie an anderen Stellen, die Phantasie des Meisters die Feder. Von detaillierten Einblicken in die Uferflora kann bei dieser Seereise keine Rede sein. Da die Schiffe, sicher schon damals, einen gebührenden Abstand vom Land hielten, bekam man von Deck aus sicherlich auch keine kriegerischen Eingeborenen zu Gesicht.

In den ersten Maitagen ist alles friedlich. Flach und an einen Binnensee erinnernd liegt der Golf von Bengalen vor dem Steven der *Tiger Bay*. Das Wasser ist blau und klar. An der *stabilizer nose* erkennt man, wenn man sich über die Bordwand lehnt, einzelne Luftblasen, so, als sehe man in ein Aquarium hinein. Fliegende Fische starten meist in Gruppen. Zu dritt oder viert flitzen sie über die Wasseroberfläche. Ab und zu berühren sie die Dünung, ehe sie im Meer verschwinden. Das Wasser ist so klar, daß man sie noch eine Weile verfolgen kann. Delphine zeigen sich nicht. Ihnen ist die See zu ruhig, erklärt der Steuermann. »Für ihre Spiele neben den fahrenden Schiffen lieben sie richtige Wellen.«

Vom Land ist selbst mit dem starken Fernglas der Brückenwache nichts zu erkennen. Der Kurs von Madras bis zur Straße von Malakka verläuft nach dem mit dem Lineal gezogenen Kartenkurs. Über Satellitenpeilung überprüft der Steuermann bis auf wenige Meter genau den Standort. Es sei fast schon ein Hobby, erklärt der polnische Zweite Offizier, wenn er mit dem Sextanten zusätzlich Kompaßmißweisung und Ortung überprüft. Die automatische, computergesteuerte Navigation erlaubt zusammen mit Satellitenpeilung und Radar eine präzise Schiffsführung. »Das ist alles leicht geworden«, erklärt der bärtige Pole, »aber um so aufmerksamer müssen wir auf Wache sein. Ich gehe fast ständig auf und ab, das ist ein wenig Bewegungssport, und man hält sich dadurch frischer, als wenn man sitzt und in die Ferne guckt.«

Obwohl die Stimmung, soweit dies ein Fremder ergründen kann, gut zu sein scheint, reden die Griechen immer wieder über die Probleme, die so lange Abwesenheit von Familien und Freunden mit sich bringen: »Manchmal komme ich mir vor wie in einem fahrenden Gefängnis«, erläutert der Erste Ingenieur. »Wir dampfen im Schnitt fünf bis sieben Monate in Folge zwischen den Häfen hin und her. Die Liegezeiten sind meist viel zu kurz, um in Muße an Land zu gehen. Da arbeitet man wie ein Galeerensklave und ist rund um die Uhr verfügbar. Kann selten richtig entspannen. Kein Wunder, wenn viele nur ans Geld denken und an die ausgedehnten Ferien. Aber wir haben alle nur diesen Beruf, und nach einigen Monaten an Land wird man auch wieder unruhig und sieht sich nach einer neuen Heuer um.«

An einigen früher gefährlichen Passagen werden nachts doppelte, manchmal sogar dreifache Wachen aufgestellt. Der Grund sind Piratenüberfälle, die noch vor zwei Jahren einigemal Schlagzeilen machten. Bei einem Abendessen in der Straße von Malakka kommt das Piratenthema auf den Tisch. »Wir haben bisher Glück

Abend über der Straße von Malakka. Die Meerenge zwischen Sumatra und Malaysien gehört zu den am häufigsten befahrenen Schiffahrtsstraßen.

Folgende Seiten: Zu den modernsten und schnellsten Containerhäfen zählt Singapore. Beim Volumen des Warenumschlags konkurriert Singapore ständig mit Hong Kong.

gehabt, obwohl wir ja ständig durch diese Engstelle zwischen Sumatra und Malakka fahren«, meint der Kapitän. »Aber es gibt auch einige Vorsichtsmaßnahmen, die das Risiko erheblich verringern. Zum Beispiel habe ich den Agenten klargemacht, daß sie nie über Funk von Geld sprechen sollen. Geld ist das einzige, was die Piraten wirklich interessiert. Wir haben auch möglichst wenig in der Bordkasse dabei. Was soll ich machen, wenn die mal mit Hilfe von Enterhaken und Strickleitern an Bord gelangen? Wenn sie mich mit vorgehaltenen Schußwaffen zum Öffnen des Safes zwingen? Das Geld ist doch kein Menschenleben wert.«

»Gibt es denn keine wirksame Gegenwehr, auch nicht mit Waffen oder Tränengas?« fragen wir. »Nein, das wollen wir Seeleute nicht. Wohin kämen wir denn dann? Wir müßten schließlich noch Geschütze und Kanoniere an Bord haben. Die Angelegenheit würde rasch eskalieren, und zu alledem wäre der Aufwand viel zu hoch, als es die sehr seltenen Überfälle rechtfertigten. Nach meiner Kenntnis hat es in diesem Raum seit einem Jahr keinen Zwischenfall mehr gegeben. Wir müssen sehr wachsam sein. Besonders nachts und bei Schlechtwetter genügend Wachen aufstellen. Oft schalten wir zusätzlich die Deckscheinwerfer ein und halten über Funk laufend Kontakt mit dem nächsten Hafen. Sobald uns etwas verdächtig erscheint, nehmen wir den Suchscheinwerfer zu Hilfe, der blendet ganz schön, und das stärkste Mittel wäre, wenn wir die Piraten rechtzeitig ausmachten, um ihnen eine volle Ladung mit der Spritze aus unserem Hydranten zu verpassen.«

Am späten Nachmittag, etwa fünfzig Seemeilen vor Singapore breitet sich dann doch etwas Nervosität an Bord aus. Die vorausliegenden kleinen Inseln auf der Steuerbordseite liegen dicht am Schiffahrtsweg. »Das sind die Brother Islands«, erklärt der Steuermann. »Aus derem Schutz sind schon einigemal die Piraten auf verdammt schnellen Booten gekommen. Aber wir haben noch gutes Licht, da sollten wir Glück haben.«

Über die *Carrington Bridge* fuhr bereits Phileas Fogg in einer Kutsche. Bankhochhäuser bestimmen jetzt das neue Viertel am Fluß.

Rasch fällt die Dämmerung auf das Meer. Drei Mann stehen jetzt auf der Brücke der *Tiger Bay* und suchen mit Ferngläsern das Umfeld ab. Am Bug hocken zwei Philippiner mit Walkytalky und beobachten zusätzlich. Zwischen dramatisch geballten Wolken schiebt sich ein roter Sonnenball und verzaubert die Straße von Malakka. Was dann passiert, geschieht so schnell, daß die Wache gerade noch die Gläser vor die Augen bekommt. Zu weiteren Aktionen reicht die Zeit nicht mehr: Aus dem Dunkel der kleinen Buckelinseln löst sich ein Schatten und saust in abstrakter Geschwindigkeit wie bei einem Computerspiel auf uns zu. Erst spät erkennen wir das flache, rote Sportboot, das bei der ruhigen See seine Geschwindigkeit voll ausfahren kann. Zwei Personen zeichnen sich als Silhouetten ab. Der Flitzer kommt bis auf fünfzig Meter heran, ändert erst kurz vor der *Tiger Bay* den Kurs und braust knapp hinter der Back vorbei.

Die Anspannung auf der Brücke löst sich. Soeben erhielten wir Anschauungsunterricht, wie überraschend Piraten auftauchen können und wie wenig Zeit dem Schiffsführer für Abwehrmaßnahmen verbleibt. Zwanzig Minuten später taucht aus dem Dunkel ein größeres Boot ohne Positionslampen auf. Der Kapitän sagt beruhigend: »Das ist die Küstenwache von Singapore, die fahren jetzt Streife.« Kurz blendet ein Scheinwerfer des grauen Bootes. Die *Tiger Bay* antwortet mit knappem Signal. Die *Coast Guard* läuft nach Westen in die Straße von Malakka aus.

Wenige Tage später macht die *The Straits Times* in Singapore mit einem Vierspalter auf: *37 illegal immigrants caught*. Die *Police Coast Guard* schnappte morgens um 4.30 Uhr 37 Indonesier, die mit Schmuggelgut illegal in den Stadtstaat gelangen wollten.

Die Nacht ist klar. Die *Tiger Bay* läuft auf dem exakt vorgeschriebenen Schiffahrtsweg nach Singapore. Vom flachen Deck über dem Ruderhaus hat man einen prächtigen Rundblick. Eine schmale Mondsichel liegt auf dem Rücken über dem Horizont. Die Lichter der virilen, erfolgreichen Stadt leuchten stärker. Die Luft schmiegt sich feucht und warm an die Haut. Knapp 150 Kilometer weiter südlich verläuft der Äquator. Exakt um 22 Uhr dreht das Lotsenboot bei.

Für den Fremden ist der Schiffsverkehr verwirrend. Während die *Tiger Bay* in langsamer Fahrt zum Containerhafen dampft, laufen sechs hochbepackte Schiffe vom Terminal auf See aus. Dazwischen kreuzen Lotsenboote, Schlepper und Fischerboote. Hafenbaken blinken. Über das Geäst der vielen Ladebrücken schieben sich die Konturen der teilweise noch beleuchteten Hochhäuser, die in den vergangenen 15 Jahren zu einer Skyline zusammenwuchsen. Um 23 Uhr geht der Lotse an Land. Der Kapitän lächelt und meint: »Nun müssen wir erstmal einen Whisky trinken.« Vom Ablegen in Madras bis zum Andocken in Singapore betrug die Fahrzeit 103 Stunden.

Singapore liegt mit Hong Kong im Wettstreit, wessen Hafen das größte jährliche Containeraufkommen verzeichnen kann. Vor zwei Jahren hatte die Stadt an der Südspitze der malayischen Halbinsel die Nase vorn. Vor einem Jahr meldete Hong Kong einen neuen Rekord, und zur Zeit rüsten beide Häfen zum neuen Spurt. Der Grund für das rasche Anwachsen des Warenumschlags

HongkongBank
Maybank

Historische Gebäude der Kolonialzeit stehen im alten Centrum von Singapore zwischen Hafen und Fluß. Im *Victoria Theater* finden nach wie vor Aufführungen statt.

liegt in der günstigen Lage Singapores. Hier kreuzen sich die Güterströme von West nach Ost und von Nord nach Süd. Von Europa nach Fernost, von Japan nach Afrika, vom Persischen Golf nach Korea, von Afrika zur amerikanischen Westküste. Viele dieser Waren wandern heute in Containern über die Häfen von Singapore und Hong Kong. Beide sind auch stark frequentierte Verteilerhäfen, von denen aus die Feederschiffe – wie die *Tiger Bay* – nach Indien, Burma, Malaysia oder Vietnam und China fahren. Aber ebenfalls werden von hier die südlich gelegenen Häfen auf Indonesien und den Philippinen bedient.

Aus seinem Dornröschenschlaf als kaum bekannter Fischerort erweckte Stamford Raffles 1819 Singapore. Er kaufte dem damaligen malayischen Herrscher die 640 Quadratkilometer große Insel für den Bau einer Handelsstation der *British East India Company* ab. Raffles, an den hier viele Namen und ein Standbild erinnern, legte auch den Plan für die Anlage der Stadt vor. Später initiierte er den Freihafen, der rasch an Bedeutung gewann. Die besonders geschützte Lage in der Bucht von Singapore gab dem Hafen weitere Wettbewerbsvorteile. Mit der Eröffnung des Suezkanals nahm der West-Ost-Handel weiter zu. Das Geschäft florierte, und ein Teil der Gewinne blieb in Singapore hängen.

Für den Ausbau von Stadt und Gewerbe reichten bald die ortsansässigen, malayischen Arbeitskräfte nicht mehr aus. Die Behörden lösten das Problem, indem sie die Zuwanderung von Hilfskräften aus China, Indien und Malaysia förderten. Bis heute hat sich an dieser Politik, wenn auch unter strengen Auflagen, nichts geändert.

Die Einwanderung von ethnisch so unterschiedlichen Menschengruppen führte zu dem bunten Völkergemisch, wie es für Singapore typisch ist. Hieraus resultiert auch das Programm der Regierung, die eine wohlorganisierte Gemeinschaft mit weitmöglichster rassischer und religiöser Toleranz anstrebt.

Singapore gleicht einer tropischen Blume

Bei Jules Verne lesen wir einen Abschnitt, der über die kurze Erkundung der damals noch recht unbedeutenden Stadt berichtet, während die *Rangoon* Kohle bunkerte und Proviant aufnahm:

»Die Insel Singapore wirkt weder groß noch eindrucksvoll. Es fehlen ihr dazu die Berge, also auch das Profil. Und trotzdem ist sie mit all ihrer Dürftigkeit irgendwie charmant. Sie gleicht einem Park, durchzogen von schönen Straßen. In einem hübschen Wagen, der von jenen eleganten Pferden gezogen wurde, wie sie dort aus Neu-Holland importiert werden, fuhren Frau Aouda und Phileas Fogg in rascher Fahrt mitten in einen rauschenden, schattigen Palmenhain. Auch Nelkenbäume gab's da, und nun konnte man sehen, daß die Gewürznelken im Grunde die halboffenen Knospen dieser Bäume sind. Und hier ersetzten Pfefferbüsche die europäische Dornenhecke. Sagopalmen und riesige Farne mit herrlich geformten Zweigen brachten Abwechslung in die tropische Landschaft. Muskatbäume mit hochglänzenden Blättern erfüllten die Luft mit ihrem würzigen Duft. Überall grinsten sie Affen in ganzen Gruppen an. Wahrscheinlich lauerten im Unterholz sogar Tiger. Wen diese Behauptung verwundert, dem soll gesagt sein, daß diese schrecklichen Raubtiere nur deswegen auf der relativ kleinen Insel noch nicht ausgerottet sind, weil sie von Malakka die Meerenge schwimmend durchqueren.«

Jules Verne stellte die tropische Flora in den Vordergrund seiner Schilderung. Auch heute fasziniert den Reisenden das überall üppig wachsende Grün. Auf der ersten Fahrt fühlt man sich wie in einer Gartenstadt. Dies ist auch der Name, den Singapore gern als Untertitel in den Publikationen verwendet. Oft erinnern die Alleen an einen englischen Country Club. Die Stadt ist sauber, gepflegt und sicher. Ein stärkerer Kontrast zu Bombay und Madras ist kaum vorstellbar. Während indische Großstädte Sinnbilder ihres kargen Lebens sind, gedeiht in Singapore üppiger Wohlstand.

Im Bankenviertel zwischen Singapore River und Hafen entstanden im letzten Jahrzehnt kühne, ja wegweisende Hochhäuser, die einen Vergleich mit Bauten in den USA und Europa nicht scheuen müssen. Kompakte, oft form-

Das *Raffles Hotel* in Singapore, benannt nach dem Gründer der Stadt, ist eine der nobelsten Herbergen. Gediegen renovierte Suiten vermitteln dem Gast gegen einen kräftigen Obolus das Ambiente vergangener Kolonialzeit.

Folgende Seiten: Am Singapore River leuchten renovierte, alte Bürger- und Fischerhäuser vor den Monumenten der Gegenwart.

Singapore
Telecom

schöne Architektur bestimmt das neue Viertel. In dieser Dichte findet man Adäquates nur selten. Bei der Planung brauchte man wenig Rücksicht zu nehmen. Alte Gebäude standen selten unter Denkmalschutz. Entsprechende Gesetze fördern nach wie vor neue Projekte. Erst in jüngster Zeit entstand ein Programm zur Konservierung alter Häuser und Viertel, die an Singapores Geschichte erinnern.

Für den Architekturliebhaber ist Singapore ein Eldorado, das zu immer neuen Erkundungen verführt. Aber auch der Kunstfreund kommt auf seine Kosten. Moderne Skulpturen zieren zahlreiche Plätze. Vor den glitzernden Fassaden am Boat Quai stehen neben anderen Boteros *Der Vogel* und Salvadore Dalis *Homage à Newton*.

Vom Bankenviertel gelangt man auf die gegenüberliegende Flußseite über die 1859-1867 errichtete *Carrington Bridge*. Dort stehen die wesentlichen Zeugen aus der frühen Kolonialzeit: das *Parliament House, Victoria Theatre* und *Concert Hall*, daneben die *City Hall* und die *Sankt Andrews Cathedral*. Wenn auch die meisten Gebäude erst nach 1872, dem Reisejahr von Phileas Fogg, entstanden, über die *Carrington Bridge*, die damals einzige Brücke über den Fluß, hatte er sich kutschieren lassen. Wir haben einen weiteren authentischen Schauplatz von Jules Verne gefunden. Die neoklassizistischen und neugotischen Bauten gleichen stolzen, weißen Schwänen, die sich in Parks niedergelassen haben. Es sind Relikte der Vergangenheit, die heute liebevoll gepflegt werden. Seit einigen Jahren kommen auch die alten Bürgerhäuser wie am Boat Quai und Emerald Hill Road in den Genuß eines Restaurierungsprogramms. Am Boat Quai leuchten die Fassaden wieder in allen Farben, und abends drängen sich Einheimische wie Fremde zur Promenade. In die früheren Wohnhäuser zogen kleine Restaurants ein. Hier serviert man nicht nur Gerichte der asiatischen Küchen, sondern auch die aus vielen europäischen Ländern. Bei gutem Wetter ist an den Tischen über dem Fluß kaum ein Platz frei. Die fröhliche Stimmung verführt zum Essen und Trinken. Kölner werden hier an ihr Altstadtufer am Rhein erinnert. Neben Englisch hört man besonders viel Deutsch. Der Boat Quai ist bei Touristen besonders beliebt.

Für die meisten Reisenden sind Sehenswürdigkeiten jedoch nicht der Hauptgrund zur Fahrt nach Singapore. Sie kommen zum Einkaufen. Die modernen Supermärkte konkurrieren mit unzähligen Anbietern von Waren des gehobenen bis einfachen Standards. Hochelegante, mit teuren Materialien ausgestattete, Galerien, Passagen und Kaufhäuser wetteifern um die Gunst der Kunden aus Japan, Amerika, Australien und Europa. Die Kauffreudigen aus den asiatischen Nachbarländern und China kommen hinzu. Meist sind es *Shops in Shop*, exklusive Boutiquen, die teure Marken aus aller Welt führen. Nicht nur einmal, sondern mehrfach liest man die Namen der noblen Couturiers, der Leder- und Schmuckhersteller.

Was Rang und Namen hat, ist in der Orchard Street, in den Arkaden des *Raffles Hotel* oder in *Bugis Village* vertreten. Hinzu kommen viele weitere noble Anlagen. Fast jedes große Hotel beherbergt einige exquisite Geschäfte. Ein Kaufrausch erfaßt viele der mit Kreditkarten ausgerüsteten Fremden. Vor der Abreise türmen sich auf den Gepäckkarren der Hotels die mitgebrachten Koffer, die Einkaufsschachteln, Tüten und Taschen.

Die Konkurrenz ist groß. Die Preise entsprechen bei unserem Besuch meist denen der europäischen Geschäfte. Da lohnt es sich, genau zu erkunden und zu vergleichen, denn ständig gibt es Sonderangebote zu günstigen Preisen. Glücklich sind Weltreisende, die, wie wir, gar nicht erst in Versuchung kommen können, denn das Gewicht der Gepäckstücke ist bereits ausgeklügelt, und wir wissen nie, wann wir das nächste Mal alle Sachen selbst schleppen müssen.

Auch für abgebrühte Weltenbummler gehören in Singapore ein paar Dinge zum Sehenswerten: die Fahrt mit der sauberen und schnellen MRT, der Stadtbahn, ein Tee oder Drink im kürzlich nach alten Vorbildern wieder aufpolierten *Raffles Hotel*. Hier stiegen neben vielen anderen Persönlichkeiten Rudyard Kipling und Orson Wells ab. Der Prospekt vermerkt, daß nach wie vor (zu kräftigen Preisen) in den Suiten Filmstars, Mitglieder des Hochadels, Poeten und Dramatiker im *Raffles* Quartier machen. Aber auch der Bummel durch die Stadtteile der Inder, der Chinesen und Peranakan gehört zum Besichtigungsprogramm. Wer noch Zeit und Kraft hat, fährt auf die Freizeitinsel Sentosa.

Sentosa wird ständig umworben. In Prospekten, Anzeigen und Fernsehspots wird man aufgefordert, die der City südlich vorgelagerte attraktive Freizeitinsel zu besuchen. Da kann man mit Fähre, Drahtseilbahnen oder Bussen. Eine geringe Eintrittsgebühr für die tropische Insel schließt Rundfahrten mit Bussen, der Monorailbahn oder einem kleinen Strandexpreß mit ein. Auch eine Wanderung auf dem Pfad durch den Dschungel wird empfohlen.

Vor der Erkundung sollte der Tourist seine Erwartungen nicht allzuhoch schrauben. Eine Südseeinsel, vielleicht noch verträumt und einsam, kann es so dicht vor der Millionenstadt nicht mehr geben. Der Dschungelpfad wird von kaum jemandem genutzt, er ist nach wenigen hundert Metern zugewachsen und endet allzu rasch vor dem NTUC *Beach Resort*. Die Anlage mit Schwimmbad direkt über dem Meer an der Silosa Beach verrät durch Getränkeautomaten und eine Wurlitzer-Musikbox, für welche Klientel sie bestimmt worden ist. Es sind die vielen tausend Ausflügler der Wochenenden und in der Ferienzeit.

Trotz alledem, es gibt einiges zu sehen. Da warten im früheren Kolonialfort Silosa Kanonen, Wachmannschaften aus Kunststoff und viele Waffen. Es gibt eine Nachbildung der Übergabeverhandlung, als im Herbst 1945 die Japaner auch Singapore wieder an die siegreichen Engländer zurückgaben. Nicht weit entfernt von der Festung, kann man im Unterwasser-Museum, dem größten asiatischen Ozeanarium, über zweitausend Lebewesen der tropischen See bewundern. Des weiteren gibt es Fahrrad-Verleihstationen, Golfplätze und eine Rollschuhbahn für tausend Personen. Die meisten Attraktionen sind auf die Wünsche der Wochenendbesucher abgestimmt.

Doch auch der Einzelgänger, der ein wenig das Landestypische suchende Weltenbummler, findet seinen Spaß: zu Fuß oder per Rad läßt sich die Insel auf voller Länge auf einem Strandweg erwandern. Dabei weht meist eine Brise über der Bucht, auf der kaum zu zählende Frachtschiffe ankern. Die Palmen am Strand sonnen sich. Es ist eine schöne Kulisse an der südlichsten Spitze des asiatischen Festlands.

Nach wenigen Tagen Aufenthalt fällt es schwer, über einen so lebendigen in vielen Dingen außergewöhnlichen Stadtstaat zu urteilen. Der Vergleich mit weiteren, überdurchschnittlich reichen Ländern drängt sich auf. Und der Weltreisende denkt an die arabischen Emirate, die im kargen Umfeld, ähnlich wie Singapore, Inseln des Wohlstands sind.

Singapore zeigt eine vielschichtigere Struktur. Hier profitieren nicht nur zwanzig Prozent Einheimische, wie in Dubai, von den Erträgen des Erdöls, während achtzig Prozent Gastarbeiter bleiben. Hier hat sich bereits eine ethnisch wie kulturell durchgeknetete *Singapore-Society* gebildet. Die Ziele von Reicheren und Ärmeren scheinen gleich: es geht um einen Anteil am wirtschaftlichen Erfolg.

Wie ein enganliegendes Korsett regeln staatliche Verordnungen die Spielregeln der Gesellschaft. Das wird heute von den meisten Bürgern akzeptiert, denn es gilt der Spruch: *Der Erfolg heiligt die Mittel.* Und für den Fremden breitet Singapore ein Daunenbett der Sicherheit aus.

Eine Einstimmung auf tropischen Urwald bietet die Insel *Santosa* vor Singapore.

Gewaltige Kontraste prägen das Stadtbild von Singapore: links eines der akkurat restaurierten Häuser im malayischen Kolonialstil. Rechts ein prächtiges Einkaufszentrum, bei dem ältere Gebäude miteinbezogen und überbaut wurden.

PARCO
HYLAM STREET
DIRECTORY

Große Containerschiffe für weite Entfernungen

Für den Frachtschiffreisenden gibt es ein paar Regeln, die dieser bereits bei der Planung beherzigen sollte. Unter anderem sind es die auf Frachtzeitpläne abgestimmten Routen, denen sich der mitgenommene Passagier unterordnen muß. Außerdem sollte man einkalkulieren, daß Zoll- und Einreiseverordnungen in den Containerterminals für Ladung und Mannschaft ausgelegt werden. Den Weltreisenden erwartet man auf dem Flugplatz oder vielleicht noch auf dem Landweg. Seitdem es immer weniger Passagierlinienschiffe gibt, muß der auf Frachtschiffen Reisende ungewohnte Hürden überwinden. So soll in Singapore eine Bestimmung bestehen, daß per Schiff eingereiste Besucher mit einem Flugzeug wieder in ihr Heimatland ausreisen sollen. Diese Verordnung bezieht sich auf Seeleute, die im Hafen das Schiff verlassen, weil ihre Heuer abgelaufen ist. Der Passagier kann derartige behördliche Fallstricke nur mit Hilfe der Schiffsagenten vermeiden. Das ist nicht ganz einfach, da die Agenten des Charterers nur für die Ladung verantwortlich sind, der Passagier aber mit dem Reeder einen Beförderungsvertrag abgeschlossen hat. Der Reeder hat jedoch oft keinen Agenten an den verschiedenen Orten.

In der Praxis bedeutet dies, daß man möglichst frühzeitig dem Agenten des Charterers seine Aufenthaltsadresse am nächsten Abfahrtshafen durchgeben sollte. Oft benötigt der behördenkundige Mann nähere Angaben, die er beispielsweise aus den Fotokopien der ersten Paßseiten und der Visa- und Einreisestempel ersieht. Per Fax sollte man die Fotokopien drei bis vier Tage vor dem Auslaufen des Schiffes durchgeben. Meist verlangt der Agent dann noch einen Tag vor Abfahrt die Pässe für die Vorlage beim *Immigration Office*. Wenn alles gut geht, erhält man dann den erforderlichen Sichtvermerk über Nacht. Wer die langen, zermürbenden Wartezeiten bei orientalischen Dienststellen erlebt hat, lernt rasch die Arbeit der Agenten und Helfer schätzen. Für einen Europäer bleiben die Spielregeln des Umgangs mit fremden Behörden ohnehin meist unergründlich.

In Singapore wartet das größte Containerschiff unserer Reise. Es ist knapp 216 Meter lang, 32 Meter breit und faßt rund dreitausend Container. Laut Vertrag mit dem Charterer läuft das Schiff 20,5 Knoten Reisegeschwindigkeit bei normaler See. Reeder der *Sea Initiative* ist, wie bei der *Contship Pacific*, die *Niederelbische Schiffahrtsgesellschaft*, NSB in Bremen. Das Schiff fährt zur Zeit auf einem recht großen Turn und ist von Hamburg meist 73 Tage unterwegs.

Die *Sea Initiative* fährt unter deutscher Flagge und ist im deutschen Zweitregister eingetragen. Offiziere und Ingenieure sowie in diesem Fall ein Auszubildender sind Deutsche. Die weiteren Besatzungsmitglieder stammen, wie bei den vorausgegangenen Schiffen der Reise, aus den Philippinen. Das Schiff wurde erst vor elf Monaten in Dienst gestellt. Es ist neu und bereits erprobt. Überall herrscht pingelige Ordnung. Da bisher wenig Passagiere den großen Turn mitmachten, erleben wir nach der alten *Tiger Bay* ungewohnt saubere Kabinen. Das Gefühl ähnelt dem, wenn man in ein frisch eingerichtetes Hotel kommt.

Das Chinesische Meer liegt blaugrau und träge vor dem Steven der *Sea Initiative*. Ein für die Jahreszeit typisch grauer Himmel hält Schauer bereit, die für die Vormonsunzeit vom Wetterbericht angekündigt wurden. Die von vielen Schriftstellern als bleigrau bezeichnete Meeresstimmung ist nur dann wirklich bleigrau, wenn tiefhängende Wolken die Reflexe des blauen Himmels schlucken. Auf der Fahrt mit Kurs Nordnordost liegt das lange Containerschiff ruhig im Wasser. Nur selten spüren wir den Seegang. Ganz anders erging es den Romanhelden in Jules Vernes Buch. Hier lesen wir:

»Von Singapore bis Hong Kong sind es ungefähr dreizehnhundert Meilen. Hong Kong ist ein von der chinesischen Küste abgetrenntes kleines Territorium unter englischer Herrschaft. Phileas Fogg hoffte die in Angriff genommene Strecke in höchstens sechs Tagen zurückzulegen. Er wollte nämlich in Hong Kong am 6. November das Schiff erreichen, das nach Yokohama, einem der Haupthäfen Japans, in See stach.

Die *Rangoon* war nun stark beladen. In Singapore waren eine Menge Passagiere an Bord gekommen: Hindus, Ceylonesen, Chinesen, Malaien, Portugiesen. Die meisten von ihnen reisten zweiter Klasse. Das Wetter, das bis jetzt recht schön gewesen war, wechselte beim Eintritt des Mondes in sein letztes Viertel. Die See ging hoch, eine kräftige Brise frischte auf. Glücklicherweise kam sie von Südosten, was das Tempo des Dampfers nur beschleunigen konnte. Wenn es sich machen ließ, befahl der Kapitän, Segel zu setzen. Die *Rangoon* konnte auch als Zweimaster aufgetakelt werden, und so fuhr sie denn oft mit zwei Topp- und einem Focksegel dahin, was ihre Geschwindigkeit – unter der Doppelwirkung von Dampf und Wind – ständig steigerte. In dieser Weise fuhren sie den Küsten von Annam und Cochinchina entlang, bei unruhigem und sehr ermüdendem Seegang.«

Während Jules Verne noch von ungefähr dreizehnhundert Seemeilen für die Strecke Singapore-Hong Kong schrieb, druckt der Bordcomputer der *Sea Initiative* 1.450 Seemeilen aus, und statt sechs Reisetage sind nur noch drei Tage und dreißig Minuten Fahrzeit vorgesehen. Daß wir trotz alledem nicht schneller als Phileas Fogg um die Welt reisen können, liegt – so paradox dies klingen mag – wie bereits erwähnt, an den ungünstigeren Schiffsverbindungen als vor 120 Jahren.

Ein Vorbote des Monsuns bläst über das Chinesische Meer. Er kündigt an, daß die Zeit der blitzblanken See zu Ende geht. Die Wasseroberfläche zeigt Schaumkronen auf langen recht gemütlich daherrollenden Wellen. »Windstärke 5-6«, meint der Steuermann knapp. Die nur mit halber Ladung fahrende *Sea Initiative* rollt noch ganz gemütlich bei der seitlich aufkommenden See. Die Regelmäßigkeit der Schiffsbewegung erinnert am frühen Morgen noch im Halbschlaf in der Koje an eine Gartenschaukel. Später, nachdem der Wind noch etwas aufbriest, halten wir die Nasen in den Wind, denn frische Luft hilft gegen aufkommende Seekrankheit. Verglichen mit dem Sturm, den die *Rangoon* mit Phileas Fogg an Bord vor Hong Kong durchmachte, ist dies ein Kinderspiel.

Folgende Seiten: Atemberaubend baut sich die Hochhaussilhouette von Hong Kong für den von See Kommenden auf.

Hong Kong liegt auf der Steuerbordseite

Wohntürme in schlanker monotoner Regelmäßigkeit kündigen die Kronkolonie an, deren Pachtvertrag zum 1. Juli 1997 abläuft, und die heute gar nicht mehr gerne als *Kolonie* bezeichnet wird. Der englische Hochkommissar sucht mit seiner Mannschaft emsig nach Lösungen für einen sanften Übergang in die noch unbekannte Zukunft. Die Zeitungen berichten täglich über offizielle Konferenzen. Zur Zeit ist der englische Außenminister mit 150 Prominenten der Wirtschaft in China eingetroffen. Hier geht es um neue Geschäfte. Welche Rolle Hong Kong dabei als Scharnier des Handels spielen wird, ist ungewiß. Wesentliche Fragen, wie die Zukunft des größten Containerterminals, seien noch ungelöst, berichtet der *Hong Kong Standard* am selben Tag.

Hong Kong liegt vor dem Steven. Die *Sea Initiative* dampft mit kleiner Fahrt unter Anweisung des an Bord gekommenen Lotsen in die große Bucht vor der Stadt. Auf der Steuerbordseite taucht, nach Umrunden der Insel Hong Kong ein Hochhausstakkato auf: das ist Hong Kong.

Allzu exakte Termine bergen Gefahren in sich. Dies erlebt auch der Kapitän der *Sea Initiative*. Für eine Stunde muß das Schiff vor dem Hafen ankern, da der Platz an der Pier noch belegt ist. Mit Bugstrahlmotor am Steven und Schlepperhilfe am Heck dockt das Schiff butterweich an. Der Kapitän ist nicht restlos zufrieden. Nach Plan hätte er ja eine Stunde früher mit dem Löschen beginnen können. Der »Fahrplan« der *Sea Initiative* ist bereits im Bordcomputer gespeichert. Bis zum nächsten Hafen Pusan in Südkorea beträgt die Zeit zweieinhalb Tage.

Die 5. Etappe
Von China nach Japan

Die Dunkelheit legt sich bereits über die Containerstapelplätze. Mit Koffern und Taschen stehen wir auf dem ölverschmierten Kai. Bei jeder Positionsänderung der Containerladebühne schrillen warnende Klingeln auf. Drei Philippiner der Crew mustern in Hong Kong ab. Ihr Gepäck läßt sich nicht über die schmale Gangway schleppen, das Ladegeschirr des Schiffes muß Kisten, Koffer und Kartons an Land schwenken. Der Bus des Schiffsagenten ist zu klein, um fünf Personen und Gepäck in die Stadt zu transportieren. Es beginnt ein mehr als dreistündiger Kampf mit den beiden chinesischen Angestellten des Schiffsagenten.

Beide sind wohl zwanzig Jahre alt. Der eine trägt einen Popperhaarschnitt mit Mittelscheitel und wirft alle zehn bis zwanzig Sekunden den Kopf in den Nacken, damit die langen Haare aus seinem Gesicht geschleudert werden. Der zweite, der ein wenig mehr Erfahrung zeigt, beschäftigt sich unentwegt, auch beim Steuern des Kleinbusses mit seinem Mobiltelefon, über welches er das Büro, Freunde und das *Immigration Office* zu uns unerklärlichen Fragen auf chinesisch konsultiert.

Eintauchen in ein chinesisches Inferno

Die Angebote internationaler Handelshäuser mischen sich in Hong Kong mit chinesischen Lebensgewohnheiten, wie bei dieser Straßenszene in Kowloon.

Es wird eine Machtprobe zwischen hong-kong-chinesischer Sprunghaftigkeit und deutscher Systematik. Zur ersten Konfrontation führt der Vorschlag des Poppers, wir beide Passagiere sollten noch mal aussteigen und auf dem Kai, bei einsetzendem Regen, warten, bis sie die Philippiner mit Gepäck in ein Hotel bugsiert hätten. Da aber zwei Kisten der Crew überhaupt nicht in den Bus passen, fordern die beiden schließlich einen zweiten Wagen mit Ladepritsche an, und nach einer Stunde steuern beide Wagen zum ersten Ziel.

Endlose Palaver folgen, wir sitzen bereits in einem der roten Taxis, um unsere Fahrt getrennt fortzusetzen, als der zweite Wagen wieder auftaucht. Es wird umgeladen und ausgeladen, damit uns die jungen Agenten doch noch zum *Immigration Office* fahren können. Der Grund: ein verspätetes Einklarieren würde für die Agentur wiederum Ärger mit der Einwanderungsbehörde nach sich ziehen, denn kein Einreisender darf ohne Genehmigung an Land bleiben, wenn das Schiff, das ihn ins Land brachte, wieder ausläuft.

All dies sind, wie wir bald merken, recht harmlose, wenn auch nervtötende Vorspiele. Eine Stunde jagten dann der Popper und der Telefonist mit dem Bus durch die Altstadt von Kowloon. Als wir das Schild der Chatham Road unseres Hotels zum erstenmal lesen, glauben wir, gewonnenes Spiel zu haben. Aber mangelnde Ortskenntnisse, Einbahnstraßen und Staus lassen uns weiterhasten. Viermal sehen wir dieselben Gebäude. Grelle Neonreklamen verwischen zu bunten Strichen, ähnlich der Verfolgungsjagd eines Krimis in China Town. Wenn uns der aufkommende Monsun auf der *Sea Initiative* nicht seekrank werden ließ, in diesem Inferno des Rasens durch Kowloon hängen wir schließlich nur noch erschöpft in den Haltegurten des Busses.

Weniger dramatisch schildert Jules Verne die verspätete Ankunft seiner Weltumsegler in Hong Kong. Eine Kesselreparatur des zur Weiterfahrt nach Yokohama gebuchten Schiffes erwies sich als Glücksfall und wendete erstmal eine scheinbar kaum aufzuholende Verspätung des Reisenden ab. Jules Verne schrieb:

»Der Lotse erfuhr natürlich nie, warum ihm die Antworten diese Freundschaftsbezeugung eintrugen. Auf ein Pfeifsignal hin stieg er wieder auf die Brücke und steuerte den Dampfer mitten zwischen einer Flottille von Dschunken, Tankas, Fischerbooten und Wasserfahrzeugen aller Variationen, die den Hafen von Hong Kong versperrten, hindurch. Mr. Fogg hatte vierundzwanzig Stunden Verspätung, das ist wahr, aber nun war von ernsthaften Folgen für den Rest der Reise nicht mehr zu reden.

滿興地產
CROWN PLAZA PROPERTIES
滿興地產 CROWN PLAZA PROPERTIES
Rooms for Tourist
Welcome on weekly or monthly with discount
COMPLETELY FURNISHED AND SERVICE
GRACE FUR CO. LTD
2ND FL
Gaastra
the Pro-Shop
QUIKSILVER
LASER PEOPLE
LASER DISC, AUDIO & VIDEO
PUB
卡拉OK
UNION CO.
Hong Kong Fur Co.
KAM
CHUEN
BALLY
Nikon
租售
YEE'S
P
SUN KEE

***Hong Kong Island* war Keimzelle der heutigen Großstadt. Über die Hennessy Road rollen wie in früheren Zeiten in dichter Folge die alten, doppelstöckigen Straßenbahnen.**

Die wirkliche Situation lag noch anders: Der Dampfer, der den Pacifischen Ozean von Yokohama nach San Francisco durchquert, wird in direkter Verbindung mit dem Dampfschiffdienst von Hong Kong geführt. Er sticht erst in See, wenn der Dampfer aus Hong Kong eingelaufen ist. Klar, die vierundzwanzig Stunden Verspätung in Yokohama hatte es gegeben. Aber auf der zweiundzwanzig Tage dauernden Seereise nach San Francisco wären sie bald einmal aufgeholt. Bis auf vierundzwanzig Stunden stimmte also der Fahrplan von Phileas Fogg, und dies nach fünfunddreißig Tagen seit seinem Start in London.«

Über Hong Kong, die damals letzte britische Stadt auf der Reise von Phileas Fogg, berichtete Jules Verne weiter:

»Hong Kong ist bloß eine kleine Insel, die laut Vertrag von Nanking, nach dem Krieg von 1842, England zugesprochen wurde. Innerhalb weniger Jahre hatte das kolonisatorische Können der Briten dort eine wichtige Stadt geschaffen, dazu einen gutangelegten Hafen, den sie *Victoria* tauften. Die Insel liegt in der Mündung des Kanton-Flusses. Kaum sechzig Meilen ist es bis zur portugiesischen Stadt Macao, am andern Ufer. Es war klar, daß Hong Kong Macao als Handelsstadt rasch in den Schatten stellen würde, so daß heute der weitaus größte Teil des chinesischen Transitverkehrs durch die englische Stadt geht. Beim Anblick dieser Docks, Spitäler, Werften und Lagerhäuser, der gotischen Kathedrale, des *Government House*, der asphaltierten Straßen, könnte man wirklich meinen, eine der Handelsstädte aus der Grafschaft Kent oder Surrey sei quer durch den Erdball durchgedrungen und auf der anderen Seite wieder hervorgekommen.«

Der Weltreisende, der 120 Jahre später, und kurz vor Ablaufen des Pachtvertrages mit China, nach Hong Kong kommt, findet nur noch wenige Spuren der früheren Hafenatmosphäre. Die verrufenen Bars und Spelunken, in denen Opium geraucht wurde und den Seeleuten die Ersparnisse abgeknöpft worden sind, gibt es schon seit langem nicht mehr. Fast alle alten Gebäude an der historischen Wasserfront in Kowloon und Hong Kong Island sind verschwunden. An ihre Stelle rückten neue, moderne und mehr oder weniger interessante Hochhäuser. Am Ufer von Kowloon dominieren zwischen *Coliseum* und dem *Museum of Art* die gewaltigen Bauten der internationalen Hotels. Dazwischen schieben sich Departmentstores mit marmorglänzenden Passagen und unzählige Bürotürme.

Die Promenade vom *Central Post Office* bis zum Fährhafen der *Star Ferries* gehört zum Schönsten, was Kowloon bietet. Die Anlage wurde liebevoll hergerichtet, Bänke verleiten zum Verweilen und Schauen: Da wendet ein blitzblankes Passagierschiff unter panamesischer Flagge, bevor es am *Ocean Terminal* andockt. Da flitzen Hover Ferries über das alte Hafenbecken zum *Central District*. Mausgrau liegen zwei Kriegsschiffe wie vergessene Wachtposten vor Anker. In den zahllosen Motorbooten, die unentwegt über die Wasserfläche eilen, gesellen sich behäbige, mit Containern bepackte Leichter, die mit eigenen Kränen Ladung aufgenommen haben und nun von Schleppern zu auf Reede liegenden Schiffen gepullt werden. Schließlich dampft wie das Versatzstück einer Opernaufführung die *Pearl of Hong Kong* ans Pier der Hover-Fähren, ein altertümliches Restaurantschiff, das eine Reisegruppe zum Dinner auf See aufnimmt.

Die gegenüberliegende Hong Kong Insel ist in acht Minuten Fährenfahrt rasch zu erreichen. Hier schlägt das eigentliche Herz des Stadtstaates, so behaupten jedenfalls die, die auf der Insel residieren. Hier entstand die erste britische Hafenstadt. Hier steht das höchste Gebäude Asiens, das 374 Meter hohe *Central Plaza*. Mit 78 Stockwerken und der feinen Spitze erinnert der Turm an die klassischen Wolkenkratzer New Yorks. Im Vergleich zu Hong Kong lebt Singapore in unserer Erinnerung als verträumte Gartenstadt auf, die trotz ihres großen Aufschwungs sich den Charme einer Provinzkommune erhalten hat. Hong Kong gleicht einer hektischen, ständig hastenden, schwitzenden Gemeinschaft. Hong Kong ist Weltstadt, rastlos, ruhelos, eine City, in der jeder zu jeder Zeit auf der Lauer liegt. Man möchte kein Geschäft verpassen, man muß sich beweisen, denn die Gesellschaft kennt keine Gnade.

Die dichtgedrängt auf teurem Grund der Hong Kong Insel und Kowloon stehenden Hochhäuser lassen den Fremden vermuten, daß hier ohne Rücksicht auf Belange der Umwelt gebaut worden ist. Bei längeren Spaziergängen erkennt man, daß viel System in der Planung steckt, daß Grünanlagen, Fußgängerbrücken und Passagen das Leben erleichtern sollen. Und unerwartet liest der Weltenbummler im *Sunday Standard Magazine* über den Meister Andrew Fung, der Bauherren berät, wie sie ihr Projekt im Einklang mit alten chinesischen Lebensregeln errichten sollten. Jerome Nye schreibt in seinem Artikel: »Außer sich an Bebauungspläne und Vorschriften zu halten, ehren die Leute von Hong Kong die ungeschriebenen spirituellen Gesetze des *fung shui*. Wenn die Architekten die ersten Baupläne erstellt haben, ziehen sie einen *fung-shui-Mann* hinzu, der seinen Rat nicht nur zum Standort, sondern bis ins Detail zur Anordnung von Türen, Fenstern, Schreibtischen und vielem mehr gibt.« *Fung shui*, was *Wind-Wasser* bedeutet, wird mit kompaßähnlichem Besteck und viel, viel Erfahrung ausgeübt. Dabei werden die Natur, ihre Elemente, Himmel, Wasser, Regen, Hügel und Erde berücksichtigt.

Der Fremde denkt an Wünschelroutengänger, die in Europa bei Bauvorhaben zur Lage der Schlafzimmer und möglicher Wasseradern befragt werden, doch der Einfluß des *fung shui* ist weitgehender, ja viel radikaler. Ein Beispiel gibt ein Durchbruch, quasi ein übergroßes Fenster eines Hochhauses am Hang. Der offene, mehrere Wohnungen kostende Freiraum soll dem am Berg ansässigen Drachen weiterhin ungehinderten Zugang zum Meer erlauben.

»*Fung shui* geschieht immer im Namen der guten Zukunft«, schreibt Jerome Nye, »letztlich kostet es nur ein paar tausend Dollar, um einen *fung-shui-Mann* zu engagieren. Das ist doch nichts im Vergleich, wenn dein Geschäft nachher schiefgeht.« Die *spiritual laws* dienen in Hong Kong letztlich auch dem Geschäft.

Die Geschichte Hong Kongs als Teil des Britischen Empires begann 1841, als die Briten in Aberdeen an Land gingen und Hong Kong Island besetzten. Ein Jahr später verpachtete China die Insel. 1860 folgte der Pachtvertrag für die Halbinsel Kowloon, und 1898 kam für 99 Jahre das große Hinterland hinzu, die *New Territories*. Der Name Hong Kong bedeutet »Duftender Hafen«, da Aberdeen ein Umschlagplatz für Weihrauch gewesen ist, und im Englischen wird die Stadt stets in zwei Wörtern HONG KONG geschrieben.

In der Altstadt, nur wenige Meter von gleißenden Hochhäusern entfernt, wird der Fremde in die chinesische Provinz versetzt.

Folgende Seiten: Von Aberdeen laufen Pilgerschiffe zur Insel Lantau aus, deren Klöster nicht nur von Gläubigen, sondern auch von Touristen gern besucht werden.

Am *Victoria Harbour* in Hong Kong suchten Phileas Fogg und Frau Aouda nach einem Schiff, das sie nach Shanghai mitnehmen würde. Heute verkehren neben Frachtschiffen, Leichtern und Fähren noch altertümliche Restaurantschiffe, auf denen zum Essen bei der Rundfahrt Ausblicke in die vielfältige Inselwelt geboten werden.

Wer den Ursprung des neuen, von den Briten geprägten Hong Kong, sucht, muß zum Fischer-, Sampan- und Sportboothafen Aberdeen fahren. Über den Hügel oder um die westliche Spitze der Insel führen zwei gut ausgebaute Straßen, und es verkehren preiswerte Busse dorthin. Die einfache Taxifahrt kostet zwölf Mark (ca. 60 HK $) für bis zu vier Passagiere. Vielen Besuchern haben sich Szenen aus Aberdeen durch den Film *Susi Wong* eingeprägt. Doch das heutige Bild ist nüchterner.

Im dreckigen Wasser der Flußmündung dümpeln Fischerboote und Sampans, auf denen noch einige Familien hausen. Hinter dem Viadukt schwimmt auf Pontons eine Riege bunt bemalter Restaurantschiffe. Die Frauen der Bootsführer gehen auf Kundenfang. Bereits am Taxistand vor dem Hafen versuchen sie mit Charme und eingeübten Reden Neulinge zu ködern.

Zehn Mark pro Person kostet die halbstündige Hafenrundfahrt. Für die doppelt so lange Ausfahrt zum East Lammo Channel wird der doppelte Preis verlangt.

Die Kulisse der monotonen Wohnblöcke läßt der Phantasie keinen Freiraum. Es fällt schwer, sich hier die geschichtliche Urzelle des modernen Hong Kong vorzustellen, als die Engländer 1841 landeten. Die Rundfahrt auf einem Boot bietet jedoch einige Einblicke in ursprüngliche Lebensgewohnheiten: Fischerboote laufen mit Fang ein. An der Pier verkauft man gleich die lebenden Fische aus einem Becken. Ständig brummen Bootstaxis von einer Flußseite zur anderen. Auf einem Sampan kocht die Frau über Holzkohlenglut das Abendessen, während sich ein junger Mann über die Bordkante gelehnt die Zähne putzt. Große, alte Schifferboote mit prächtigem Altarschmuck auf Deck starten mit vielen gelbgewandeten jungen Leuten zur Pilgerfahrt nach Lantau. Und zwischen allem werden Fremde auf Besichtigungstour durch das Gewühl kutschiert. Erste Gäste lassen sich bereits bei einem der Restaurantschiffe absetzen. Das Essen an Bord im Hafen von Aberdeen gilt nach wie vor als gut und schick.

Hochhäuser stehen über alten Piers

Wir, die wir 120 Jahre nach Phileas Fogg in Hong Kong eingetroffen sind, erkunden seine Spuren. Es ist eine mühselige Suche. Die alten Piers am *Victoria Hafen*, dort wo damals die Linienschiffe anlegten, existieren nicht mehr. Statt dessen arbeiten Kräne und Bulldozer unaufhörlich, auch während der Nacht, um neue Landungsstege an das teilweise frisch aufgeschüttete Ufer zu betonieren. Zwischen dem neuen *Hotel Victoria* bei dem Macau Ferry Pier, wo die schnellen Jetfoil festmachen, und dem Queens Pier bedeutet ein Fußmarsch am Ufer eine halsbrecherische Angelegenheit. Sich hier Phileas Fogg und Frau Aouda bei der Promenade vorzustellen, will nicht gelingen. Auch das *Hotel Club*, in dem die Weltreisenden abstiegen, gibt es nicht mehr.

Statt dessen hält die Stadt eine neue faszinierende *Corniche* bereit. In Höhe der zweiten Stockwerke gibt es eine überdachte Fußgängerbrücke, die kilometerlang vom Stun Tak Centre vorerst bis zum Anleger der *Star Ferry* nach Kowloon führt. Man läuft oben wie auf einem Steg über mehrspurige Schnellstraßen, über Wege und Baustellen hinweg. Die Aussicht auf den Hafen und gleichzeitig zu den chrom-glas-granit-glänzenden Hochhausfassaden ist es wert, auf dieser neuen Promenade immer mal wieder, bei Tag wie bei Nacht, entlang zu bummeln. So futuristisch hatte sich George Orwell in seinem Buch *1984* die Zukunft nicht vorgestellt.

Zeugen der Vergangenheit findet der Reisende nur wenige: Der *Hung Shing Hindi Tempel* führt an der Queens Road East ein verstaubtes, trauriges Dasein. Nur wenige Räucherstäbchen werden noch entzündet. Nicht weit entfernt hütet die Stadt das alte Postamt von Wan Chai, das von 1915 ab 77 Jahre lang seinen Dienst versah, jetzt unter Denkmalschutz steht und eine Umweltschutzbehörde beherbergt. Da erinnern noch das *Flagstatt-* und das *Government House* sowie die presbyterianische *St. Johns Cathedral* an die gute alte Zeit Britanniens.

Viel mehr Überblick und einen guten Einblick vermittelt dagegen das *Historische Museum* in Kowloon. Wenn auch stark didaktisch aufbereitet, findet hier der Reisende, der nach Altem Ausschau hält, viel Sehenswertes.

Hong Kong galt bisher – ähnlich wie Singapore – den Touristen als Einkaufsbabel: Die langgezogenen, einem Irrgarten ähnelnden Passagen halten auf engem Raum so ziemlich alles bereit, was renommierte Couturiers, Designer und Fabrikanten für anspruchsvolle Kunden herstellen. Drei Ladengeschosse im *Peninsular Hotel* führen beispielsweise Kleidung von den ersten Modehäusern. Nicht weit entfernt, im *Ocean Center* bemühen sich Hunderte von Ladengeschäften um Kunden: Das sind die Basare der neuen Zeit.

Zu den reizvollen Erlebnissen gehört eine Fahrt in den zweigeschossigen, ruckelig wackelnden Trambahnen. Sie sind so schmal und gleichzeitig hoch, wie sonst nur Kinder eine Straßenbahn malen. Von den oberen Plätzen der seit 1904 verkehrenden Tram erhält man gute Impressionen der älteren und neuen Stadt. Manchmal schaut man tief in schmale Gassen hinein, in denen Handwerker Blech zuschneiden, Garköche Essen brutzeln und Marktfrauen Waren anpreisen.

Der Weltenbummler, der nach der hektischen, quirligen, alle Sinne in Beschlag nehmenden Stadt noch einen Überblick erhalten möchte, sollte bei guter Sicht auf den höchsten Hügel hinauffahren. Vom Garden Road verkehrt die rote Zahnradbahn, und schon bei der Auffahrt breitet sich *Hong Kong Island*, das Hafenbekken und Kowloon ständig weiter aus. Von der Spitze schließlich überblickt man auch die Inseln von Lantau bis Totoi. Ein guter Abschluß ist dann die eineinhalbstündige Wanderung rund um den *Peak*.

In den neuen Stadtvierteln Hong Kongs, wie hier in Tsimshatsui, sorgt die Stadtverwaltung für größtmögliche Sauberkeit. Arbeiter fegen sogar am Sonntag die Parkwege.

Fahrt in die New Territories

»China liegt vor der Tür«, verheißen Prospekte und Aufsteller in den Reisebüros. Ob man nur eine Stippvisite nach Shenzhen, die erste Stadt hinter der Grenze, macht, ob man einen Tag in Kanton verbringt oder ob der Reisende die typische Berglandschaft bei Guilin erleben will, für jeden Wunsch halten die Reiseveranstalter ein Programm bereit. Visa erteilen Büros sogar auf einigen Bahnhöfen. Die Züge nach Kanton/Guangzhou fahren direkt (wenn man nicht per Schiff auf dem Pearl River reisen will) von der *Kowloon Central Railway Station* ab. Das früher so lästige Umsteigen am Grenzbahnhof Lowu entfällt. Bereits am Bahnhof von Kowloon erfolgt die chinesische Paßabfertigung, und die direkten Züge rollen von durch Gitter separierte Bahnsteige ohne Halt über die Grenze. Wer also die New Territories und Kanton besuchen will, muß zwei Fahrten unternehmen, beide Ziele sind in ihrer Art sehenswert.

Die Stadtbahnen von Hong Kong nach Lowu verkehren alle fünf bis acht Minuten. Sie sind sauber und preiswert. Gleich nach der Abfahrt vom Bahnhof Kowloon rücken die Mietskasernen bis dicht an die Gleise. Wie durch eine Schneise rollen die Züge an den wäscheverhangenen Fenstern der Arbeiterquartiere entlang. Im Stadtteil Mong Kok leben mehr Menschen auf einem Quadratkilometer als irgendwo anders auf unserer Welt. Rund 200.000 sollen es sein. Chinesische Zuwanderer preßten sich in bereits überfüllte Wohnungen. Rund achtzig Mark monatlich kostet angeblich der Schlafplatz in einem der vergitterten Etagenbetten. Nicht erkennbar sind vom Zug aus die Arbeitsstätten, in denen die hier Wohnenden schaffen und unentwegt Waren produzieren. Ein guter Teil der in Europa und Amerika verkauften Textilien ist bekanntlich »Made in Hong Kong«.

Tai Wai, Shatin New Town und *Taipo Market* heißen die weiteren Stationen. Die Bilder gleichen sich: von breiten Straßen erschlossen stehen die Hochhausblöcke dicht beieinander in einer vielerorts noch grünen subtropischen Landschaft. Der Ausdruck *wie aus dem Boden gestampft* findet hier seinen steinerstarrten Widerhall.

Die letzte Stadt vor der chinesischen Grenze heißt Sheng Shui. Auch hier flankieren Wohnblöcke die Bahnstation. Der Fremde erwartet in der Grenzregion eine verschlafene Kommune, zu der die Werktätigen aus Hong Kong und Kowloon zum Schlafen pendeln. Doch bereits am Stationsausgang wird man eines Besseren belehrt. Krakenarmen gleich krallen sich Fußgängerbrücken an den Bahnhof und saugen die Menschen in den benachbarten glitzernden Verkaufspalast. Edelmarken, die man hier nie erwartet hätte, stehen im Angebot. Kleidung und Schmuck, Spiel- und Ledersachen findet man – mit vielen anderen Dingen – in breitgefächerten Auslagen. Bis in den letzten Winkel bleibt Hong Kong dem Ruf als Stadt der Händler treu.

Eine kurze Reise durch das große China

Gute Architekturvorbilder findet man in Hong Kong fast überall. Rechts im Bild das *Science Museum*, dahinter das *Hong Kong Polytechnic*.

Benommen von der allgegenwärtigen Geschäftigkeit wendet sich der Weltreisende erneut der Erzählung von Jules Verne zu. Bekanntlich hatten Phileas Fogg, Frau Aouda, Diener Passepartout und der ihnen folgende Detektiv Fix Hong Kong wegen eines Sturmes verspätet erreicht. Aber das nächste Schiff nach Japan sollte wegen einer Reparatur am Kessel erst am folgenden Morgen auslaufen. Fogg konnte also hoffen, den Steamer von Yokohama nach San Francisco beizeiten zu erreichen. Dem hinterhältigen Fix gelang es jedoch, Passepartout in einer Opiumkneipe am Hafen zu benebeln, so daß der Dampfer nach Japan ohne unsere Weltreisenden von Hong Kong auslief. Laut Jules Vernes Bericht ließ sich Phileas Fogg nicht erschüttern. Er suchte den Hafen nach einem geeigneten Boot ab, das sie in vier Tagen nach Shanghai fahren könne. Dann hätten sie Zeit, um dort rechtzeitig umzusteigen. Mit viel Geld und guten Worten heuerte Phileas Fogg ein nur zwanzig Tonnen großes Lotsenboot an, das auf der Fahrt nach Shanghai in einen so heftigen Sturm geriet, daß alle, außer Fogg, ihr Ende nahen sahen.

Der Weltenbummler unserer Zeit befindet sich gottlob nicht im Zeitkorsett einer Wette, er wird auch kaum ein Boot zur Weiterfahrt chartern, wenn das vorgesehene Schiff abgefahren ist. Der Reisende hat mehrere Möglichkeiten, in vergleichbarer Zeit nach Shanghai zu reisen. Die einfachste Art ist die Weiterfahrt auf den Containerschiffen, die von Singapore über Hong Kong

asonic
mazDa
Cars & Tr

Radfahrer beherrschen nach wie vor die Straßen Chinas, so daß in Großstädten bereits einige Hauptstraßen für Zweiräder gesperrt werden mußten damit die Autos noch halbwegs zügig durchkommen.

Besonders Jugendliche adaptieren gierig, und soweit es das Einkommen erlaubt, westliche Lebensformen. Vom *Fast Food* bis zur Kleidung ist Amerika Vorbild.

nach Pusan in Südkorea verkehren. Bedingt durch die extrem kurzen Liegezeiten in Hong Kongs Hafen, bleiben dem Reisenden in der Regel jedoch nur wenige Stunden für den Landgang. Seit neuestem verkehren auch chinesische Passagierschiffe von Hong Kong nach Shanghai.

Wir entschieden uns für eine Chinareise, statt die Fahrt an der Küste fortzusetzen. China – wenn auch nur sehr kurz – kennenzulernen, erscheint uns, auch im Hinblick auf künftige Weltreisen, als unverzichtbar.

Eine Bahnreise von Hong Kong über Kanton und Guilin bis Shanghai nimmt fast genau vier Tage Zeit in Anspruch. Die Bedingungen sind denen bei einer Indiendurchquerung ähnlich, nur daß bei der langen Fahrt weder Stationsschilder in englisch auftauchen oder Reisegenossen normalerweise über große Fremdsprachenkenntnisse verfügen. Eines steht fest: der Reisende wird per Bahn ein besonderes, einmaliges Erlebnis haben, er sollte aber auch die Strapazen einkalkulieren.

»Öl für die Lampen Chinas«, der Buchtitel von Pearl S. Buck, kommt den Reisenden in den Sinn. Die Lampen der Siebenhunderttausendmenschenstadt Guilin tauchen erst kurz vor dem Halt auf.

Auch während der Fahrt im Taxi zum Hotel durchbrechen nur vereinzelt Lichtschimmer das Dunkel. Wenig später bilden Ladengeschäfte eine Zeile entlang der Hauptstraße. In jedem Shop beleuchtet eine am Kabel baumelnde Birne die Waren. Die Taxifahrerin, die uns nach einigen Verhandlungen einsteigen ließ, hupt unentwegt, wenn sich andere Verkehrsteilnehmer, oft noch weit entfernt, zeigen.

Nach vielen Reisejahren glaubt man fast alle Tricks von Taxifahrern, Händlern und Kellnern zu kennen. Aber auch nur fast alle. Wir erhalten die erste, kleine Lektion in chinesischer Taktik. Das angebliche Nichtverstehen von Sprache und Schriftzeichen wird recht skrupellos als Waffe eingesetzt. Vor der Abfahrt hatte ein angeblicher Dolmetscher der Fahrerin noch mal den Namen des Hotels genannt, den wir ihr auf einem Brief in chinesischen Zeichen gezeigt hatten. Später hält der Wagen vor einem anderen, respektablen Hotel. Der Page ergreift schon das Gepäck mit der Bemerkung, daß noch Zimmer frei seien. Offensichtlich ist dies der eingeübte Kundenfang. Erst nach Protesten und dem Hinweis, das Zimmer im anderen Hotel sei bereits bezahlt, chauffiert uns die junge Frau murrend zur richtigen Herberge. Und wie selbstverständlich verlangt sie dort für eine zweite Abfahrt extra Lohn.

Eine zweite Lektion erhalten wir in Guilin beim Bummel durch die fremde Stadt. Dort sprechen uns zwei Kunststudenten an, fragen, ob sie uns begleiten dürften, sie würden gerne ihr Englisch aufpolieren. Wir gehen gemeinsam zum neuen *Buddhatempel*, der sich wieder zu einem Zentrum religiöser Andacht entwickelt. Einigemale fragen die Studenten, ob wir nicht Zeit hätten, ihren Professor, einen angesehenen Maler, im Atelier zu besuchen. Nach dem gemeinsamen Mittagessen erklimmen wir die dunkle Stiege in einem verschlissenen Wohnhaus der Altstadt. Der Professor fackelt nicht lange. Im Nu breitet er auf dem Fußboden zehn Grafiken auf Reispapier aus. Klassische Motive von ihm neu gestaltet und sofort geht es nicht mehr um einen Einblick in die künstlerische Arbeit des neuen China, sondern ums Geschäft. Auch diese Variante des Kundenfangs ist für uns neu.

Guilin ist eine typische südchinesische Provinzstadt. Die Einwohnerzahl entspricht zwar der Frankfurts am Main, doch die Struktur und das gesellschaftliche Leben bestimmt ein recht gemütlicher Rhythmus. Als erstes fallen Heerscharen von Radfahrern auf, die in den Außenbezirken zum Teil mit Betonschwellen abgetrennte Fahrbahnen allein nutzen können. Grünanlagen, Wasserarme und Seen lockern die Innenstadt auf. Wohn- und Geschäftsbauten verfügen höchstens über vier Geschosse. Ladenzeilen ducken sich einstöckig unter großen Bäumen. Dies und vor allem die dem Fremden gegenüber

aufgeschlossenen Menschen lassen uns Guilin als liebenswerte Landstadt erscheinen.

Guilin ist Zentrum des autonomen Gebiets Guangxi Zhuang. Insgesamt gibt es 56 dieser autonomen Regionen Chinas, in denen, so betonen Publikationen, ein hohes Maß an kultureller Eigenständigkeit besteht. Sonderrechte bieten den ethnischen Minderheiten Chinas eine Reihe von Vorteilen. Das wohl bedeutendste Privileg besteht im Recht, mehr Nachkommen als das *reguläre* eine Kind aufzuziehen. Ein Recht, das in den landwirtschaftlichen Gebieten hoch eingeschätzt wird, entspricht es doch ganz der Familientradition.

Eine Flußfahrt in das Land der Zuckerhutberge

Die von vielen Grafiken bekannten chinesischen Flußlandschaften haben im Ausland das Bild des Landes stark geprägt. Eine dieser typischen Regionen liegt bei Guilin am Li-Fluß. Auf dem romantischen Strom entwickelte sich ein reger Bootstourismus. Reiseveranstalter nehmen Guilin gern in ihr Programm auf, denn die Stadt ist von Hong Kong aus leicht zu erreichen, gute Hotels sind vorhanden, und eine große Flotte von Ausflugsschiffen steht für die meist eintägigen Fahrten bereit.

Zweiundzwanzig Kilometer fährt der Zubringerbus bis zum Schiffsanleger in Zhuijang. Nach Verlassen der Außenbezirke Guilins geht es über teils holprige Nebenstraßen. Rechts und links tauchen Bilderbuchszenen auf: Frauen unter breiten Strohhüten fast ganz versteckt pflanzen Reis. Büffel suhlen sich genüßlich in modrigen Tümpeln. Bauern pflügen speckig-schwarze Erde. Radfahrer strampeln und schwitzen unter riesigen Lasten, die kunstvoll auf dem Gepäckträger verschnürt sind.

Am Schiffsanleger hat man sich ganz auf Touristen eingestellt. Ab zehn Uhr früh starten die Ausflugsschiffe, doch vorher muß sich der Reisende wie bei einem Spießrutenlauf durch die zu beiden Seiten des Zugangs sitzenden Händler pressen. Getränke und Obst, aber auch alle erdenkbaren Andenken, werden einem aufgedrängt. Nicht selten ergreifen handelnde Frauen eine Hand des möglichen Käufers, um so eindringlicher das Angebot zu erläutern.

Auf dem Restaurantdeck herrscht klimatisierte Kühle. Tee, Wasser, Nüsse und Gurken stehen für den ersten Imbiß bereit. Später bieten die Bootsleute Bier und Cola zum Kauf an. Das opulente chinesische Mittagessen ist je nach Arrangement im Pauschalpreis eingeschlossen.

Auf dem Lijiang bei Guilin erleben Einheimische und Fremde das »klassische« China, wie man es von vielen Grafiken her kennt. Die den Fluß begleitenden Berge erinnern an Zuckerhüte. Eine chinesische Flußfahrt gehört zu den Höhepunkten der Reise um die Erde.

Bordküchen befinden sich auf dem offenen Deck am Heck der Schiffe, so daß man den Köchen beim Zubereiten der Speisen zuschauen kann.

Entsprechend der außergewöhnlichen Landschaft und reger Werbung bleibt der Weltreisende nicht alleine an Bord. Auch Träume von einer verwunschenen Fahrt im Nachen durch Morgennebel, wie man sie von Bildern kennt, erfüllen sich nicht. Eine lebendige, redselige Gesellschaft aus Japanern, Amerikanern und wenigen Europäern läßt sich an den schmalen Tischen nieder. Die Stimmung ähnelt jener auf einem Rheindampfer zur Ferienzeit. An die vierzig Schiffe starten an diesem sonnigen Maimorgen zum *Lijiang River Cruise* über rund sechzig Kilometer bis Yangshuo.

Wenn die an Bord eingetroffenen europakundigen Amerikaner die Fahrt mit ihrer Rheinschiffsreise vergleichen, so wird dabei nur die äußere Form der Lijiang-Erkundung beschrieben. Rhein und Lijiang sind grundverschieden. Während der Charme vieler europäischer Flüsse aus der vielfältigen Besiedlung der Ufer gespeist wird, bietet der Lijiang Natur pur. Hier steckt das Geheimnis des chinesischen Wasserweges: Vier Stunden lang empfängt die Netzhaut intensive optische Reize der sich ähnelnden, aber dennoch sich stets variierenden Berge.

Die Chinesen haben den Formationen der Felsen Namen gegeben. Da gibt es das *Spielwasser der Drachen*, weil Stalaktiten an hängende Drachen erinnern. Ein *Wangfu Fels* ähnelt einer Mutter, die ihr Baby trägt und nach ihrem Mann ruft. Die langen grünen Bambusstöcke am Vangdi-Anleger schwingen im Wind und werden von Chinesen mit dem *Schweif des Phönix* verglichen. Der *Buddha von Guanyin* ist eine Felsspitze mit den Gesichtszügen des Lehrers. Die *Neun Pferde* bestehen aus dem Stakkato von neun Zuckerhutbergen. Chinesische Phantasie hat für alle Formationen eigene Namen gefunden: *Schlangenberg*, *Fünf-Finger-Berge*, *Drachenkopf-Berg*, *Grüner-Lotus-Berg*, *Bleistift-Spitze* und *Mond-Berg*. Der Weltreisende, der nicht an Chinas Küste entlang fährt, sondern durch das Land, findet auf dem Lijiang mit die stärksten Eindrücke seiner langen Fahrt.

Eine Regenfront fällt am folgenden Tag auf die Stadt Guilin und die Zuckerhutberge. Wasserlachen bedecken die tieferliegenden Straßen. Reisfelder gleichen Seen. Fußgänger flüchten vor Kaskaden, wenn Autos durch Pfützen fahren. In lila, blauen, roten und grauen Regencapes schützen sich die Radfahrer, die durch den Regen unverdrossen ihrem Ziel zustreben.

Shanghai: Kapital-Faszination im Sozialismus

Als Tor zu China hat Shanghai seit der Öffnung des Landes im 18./19. Jahrhundert stets eine besondere Rolle gespielt. Die Stadt war in der folgenden Zeit teilweise aufgeteilt in sogenannte Einflußzonen der Europäer und Amerikaner, in denen diese nach eigenen Gesetzen und zum Teil mit eigener Polizei schalten und walten konnten. Wenn auch mit Ende des letzten chinesischen Kaiserreiches 1912 die Sonderrechte der Ausländer aufgehoben wurden, so setzte sich der Einfluß europäischer und amerikanischer Architektur und die Aufgeschlossenheit gegenüber Fremden und ihren Sprachen – insbesondere zum Englischen – fort. Janjing Donglu (Road) und *The Bund*, die Promenade am Huangpu, erinnern mit den sie begleitenden Gebäuden eher an europäische und amerikanische Städte der 20er und 30er Jahre als an eigenständige chinesische Kommunen.

Die Mischung von alten, dann westlichen Lebensformen sowie die sozialistischen Einflüsse und nun, seit wenigen Jahren, der Wandel zur kapitalistischen Marktwirtschaft macht den Charme Shanghais aus. Der Reisende sieht ein buntes Miteinander von sozialistischen Spruchbändern, Schaukästen mit Angeprangerten wie Ausgezeichneten, dazu intensive westliche Werbung. Fast alles, was international einen Namen hat, ist auch hier auf Großplakaten, Leuchtreklamen und in Schaufenstern zu finden: Zigaretten mit dem Cowboy als Symbol, Getränke mit dem rotweißen Label, Hähnchenbratereien und Hamburger-Restaurants mit dem ihnen eigenen Ambiente.

Der Weltreisende fühlt sich nach seinem Abstecher in die chinesische Provinz nicht mehr fremd, sondern fast schon heimisch. Trotz der vielen gravierenden Unterschiede entdeckt er eine große Stadt, in der er sich vorstellen könnte zu leben. Vom Ausmaß Shanghais kann man sich wohl nur vom Flugzeug ein Bild machen. 13 Millionen Menschen leben im Großraum, und das wird von neuen Statistiken bestätigt. Das sind mehr Menschen als in Berlin, Hamburg, Frankfurt, München und Düsseldorf zusammengezählt wohnen.

Verständlich werden dadurch folgende Zahlen: Shanghai ist das größte Industrie-, Finanz-

Folgende Seiten: Beim morgendlichen Schattenboxen, hier im *Peoples Park* in Shanghai, trainieren meist Ältere durch vielfältige Übungen Geist und Körper.

五卅運動纪

上海

und Kulturzentrum Chinas mit einer nach wie vor dynamischen Entwicklung. Der Flughafen ist der zweitgrößte des Landes, der Hafen gehört zu den wichtigsten. Ein neues Containerterminal ist im Entstehen. Zur Zeit zählt man dreißigtausend Baustellen im Stadtgebiet, und über drei Millionen Ortsfremde halten sich hier auf. Nach dem Verkehrsablauf braucht man nicht zu fragen, denn sieben Millionen Fahrräder sind im Stadtgebiet registriert worden.

Aus Gesprächen hört der Weltenbummler großes Interesse für sein Reiseunternehmen heraus, es ist generelle Neugier, wie es für Weltstädter typisch ist. Man spürt einen starken Optimismus, der in der wirtschaftlichen These gipfelt: in Shanghai liege das neue Zentrum Chinas und ganz Ostasiens.

In wenigen Tagen kann der Reisende Shanghai nicht erfassen, er kann nur hineinschnuppern. Dabei gibt es außergewöhnliche Eindrücke: Frühmorgens ab sechs Uhr versammeln sich hauptsächlich die Alten auf Plätzen und Anlagen zum Schattenboxen. Im *Renmin (Peoples) Park* finden vielfältige Übungen statt. Neben dem überall praktizierten Schattenboxen, bei dem es um die weiche gymnastische Lockerung geht, sind zahlreiche Varianten zu sehen: Schwerter- und Fahnenschwingen, Tanzgymnastik nach mitgebrachter Kassettenmusik, militärisch zackiger Frühsport und Tanz am großen Denkmal. Zu Swing und Foxtrott drehen sich die Paare im Kreis und halten sich liebevoll im Arm, auch wenn die Partner bereits hoch im Rentenalter stehen.

Später am Morgen lohnt sich der Bummel durch die restaurierte Stadt am *Yuyuan Garden*. Die meisten Häuser sind zwar nicht mehr original erhalten geblieben, aber nach alten Vorlagen wieder errichtet worden. Trotz Museumsdorfatmosphäre und trotz der vielen Besucher, kann man am *Hujing Tower*, beim *Yanshan Pavilion* und vor allem am im Wasser stehenden Teehaus dem *Mid-lake-Pavilion*, noch eine Prise der früheren chinesischen Kommunen schnuppern. Außerdem bieten die Geschäfte der Altstadt fast alles, was man sich denken kann. Chinesen fahren extra hierher, um Dinge, die sie in den Außenbezirken nicht finden, in den neuen Läden der alten Stadt zu kaufen.

Nicht weit entfernt, zum Teil direkt an die Altstadt anschließend, kann man in den *Yuyuan Gärten* spazierengehen und dabei die wohl schönste Gartenarchitektur Südchinas genießen. Die Parks wurden bereits zwischen 1559 und 1577 angelegt und finden in der *Dianchun Hall* einen architektonisch besonders schönen Mittelpunkt.

Nach einem original chinesischen Essen in einem der (wenn auch stark touristisch orientierten) Restaurants wie dem *Shanghai Lao Fandian* sollte der Kunstinteressierte ins *Shanghai Museum* an der Henla Nanlu gehen. Die chinesischen Bronzen und Keramiken geben Einblick in die kunsthandwerklichen Traditionen des Landes. Vom Museum ist es wiederum nicht weit bis zur Haupteinkaufsgegend.

Zwischen Vanian Donglu und Nanjing Road findet man die meisten Geschäfte. Vom preiswerten Angebot in einer der Kaufhallen bis zum marmor-chrom-glänzenden teuren Shop gibt es alles. Das Angebot in den wenigen westlich orientierten Geschäften braucht den Vergleich mit dem Westen nicht zu scheuen. Das meiste ist jedoch für Durchschnittsbürger bestimmt, die etwa zweihundert Mark monatlich verdienen. Das spiegeln auch die fünf bekanntesten Warenhäuser wider, die neben rund 330 Ladengeschäften allein an der Nanjing Lu (Road) die Kunden umwerben. Insgesamt soll es in Shanghai an die dreißigtausend Einzelhandelsgeschäfte geben. Das wird wohl kaum einer nachzählen.

Zu den persönlichen Eindrücken gehört ein »Straßenfest« in der südlichen Parallelstraße der Janjing Lu. Bei Einbruch der Dunkelheit stellen Wirte und Helfer Tische und Stühle auf die für den Verkehr gesperrte Gasse. Bald brutzelt und schmurgelt es in wohl an die hundert Töpfen, Pfannen und Kasserollen. Blitzblank liegen Kochutensilien bereit. Pieksauber warten die bereits vorbereiteten Speisen. Blütenweiß leuchten die Jacken und Kittel der Straßengastronomen. Es ist eine Freude, nicht nur bei der Zubereitung zuzuschauen, sondern auch zuzulangen, vom Froschspieß bis Schlangenbraten gibt es alles.

Höhepunkt jedes Shanghai-Besuchs ist der abendliche Bummel über die gepflegte Uferpromenade Der Bund. Auf der einen Seite stehen an der Zhongshan Dong I-Lu die repräsentativen schönen Gebäude, wie das der *Bank of China* und bilden für den von See Kommenden die steinerne Ehrenwache der Stadt. Auf der anderen Seite fließt der Huangpu und bietet die Plattform für die sich ständig verändernden Schiffsbewegungen. Schlepper mit bis zu zwölf mit Sand beladenen Leichtern an den Trossen ziehen gemächlich flußaufwärts. Große, einige Passagierschiffe steuern den *Shiliupu Wharf* an. Fähren kreuzen in knappen Manövern die ständig flußauf- und -abfahrenden Boote. Mit einem mächtigen, alles übertönenden Signal dampft ein Seeschiff durch das Getümmel.

Auf der Promenade schlendern Einheimische und Fremde ohne Eile. Touristen blitzen Erinnerungsfotos in der einbrechenden Nacht. Gelb-

Das Nebeneinander von kommunistischen Wandzeitungen und kapitalistischer Werbung, dazu das Durcheinander so gar nicht homogener Verkehrsmittel, verbindet sich zum eigenständigen Reiz des »neuen« China.

Folgende Seiten: Shanghais Hauptstraße ist die Janjing Lu: eine Zeile der Geschäfte, vor denen sich ständig Passanten drängen.

weiß und grünblau leuchten die alten Fassaden auf, angestrahlt von gewaltigen Scheinwerfern. Das ist ein beeindruckendes Schauspiel, auch wenn es auf vielen Postkarten wiedergegeben wird.

In der Hektik der Weltstadt vergessen die Weltreisenden auf Jules Vernes Spuren fast die Ereignisse, die Shanghai für unseren Helden Phileas Fogg bereithielt. Der Sturm im Chinesischen Meer hatte damals das gecharterte Lotsenboot zu kleinster Fahrt gezwungen, so daß die *Tankadère* sich erst in dem Augenblick der Stadt näherte, da das Schiff nach Japan bereits Fahrt aufgenommen hatte und in der Mitte des Huangpu zum Meer fuhr. Geistesgegenwärtig, wie unser Held Fogg geschildert wurde, ließ er Notsignal setzen. Das Lotsenboot konnte längsseits festmachen, und die drei Reisenden waren (im wahren Sinne des Wortes) wieder auf dem richtigen Dampfer nach Yokohama.

Auch wir steuern als nächstes Ziel Japan an, um Phileas Fogg auf den Fersen zu bleiben und um unserer Geschichte gerecht zu werden. Ein auf China-Reisen spezialisierter Veranstalter hatte schließlich die Fährverbindung von Shanghai nach Osaka in Japan buchen können. Am Anfang unserer Recherchen hatte selbst ein Angestellter des staatlichen Reisebüros der Volksrepublik China am Telefon behauptet, daß es keine Schiffsverbindungen gäbe. Die Buchungsbestätigung war jedoch mit vielen Warnungen verbunden: »Denken Sie daran, daß in China ständig Millionen unterwegs sind, am Hafen werden Sie sich kaum zurechtfinden.«

Eine luxuriöse Schiffsreise von China nach Japan

Zur Sicherheit engagieren wir auf eigene Kosten einen Praktikanten des Shanghaier Reisebüros, der uns sicher bis zum Schiff geleiten soll. Wie so oft ist dann alles ganz anders, als man es sich vorher ausgemalt hatte. Der Taxifahrer kennt die Einfahrt zur internationalen Schiffsabfertigung. Die Schilder sind alle zweisprachig, also auch in englisch und nicht nur in chinesisch, beschriftet. Die Prozedur zur Entrichtung von Hafengebühren, die Paß- und Zollkontrolle und schließlich die Gepäckabgabe, das ist gut organisiert und für den Europäer ohne Schwierigkeiten zu meistern. Da drängen sich nicht, wie angekündigt, Hunderte von Chinesen zur Abfahrt in ein kapitalistisches Land. Alles läuft gesittet, ja brav ab. Nur zwei Dutzend Studenten und die gleiche Zahl Arbeiter fahren nach Nippon zum Studium oder um zu arbeiten. Aus Europa und Canada sind nur drei Passagiere an Bord.

Die größte Überraschung birgt das Schiff. Schmuck, groß, ganz in weiß hat die *Su Zhou Had* am *Internationalen Passagier Terminal* festgemacht. Grauuniformierte empfangen die Passagiere und geleiten diese in die Kabinen. Die Innenausstattung des Schiffes ist ebensoneu und zeitgemäß wie die äußere Erscheinung. Die Kabinen sind je nach Preisklasse mehr oder weniger geräumig. Dusche und WC gehören zur Standardausstattung. Die Klimaanlage arbeitet leise in drei Stufen. Radio und Fernsehen mit japanischen Programmen sind in unserer Kabine fest installiert. Das Bullauge ist ein großes Fenster. Vom Bett schaut man aufs Meer und sieht die Wolken vorüberziehen.

Ein Restaurant und eine Selbstbedienungscafeteria servieren in erster Linie chinesische und japanische Gerichte. Bordwährung ist der japanische Yen. Das Schiff soll einem internationalen Konsortium gehören, der Reeder sei Japaner, während die Besatzung sich aus Chinesen rekrutiert. Dies sind Informationen, die wir recht mühsam aus einem Stewart herausbekommen. Die englischen Sprachkenntnisse beschränken sich auf einige Standardformulierungen, so daß auch die Borddurchsagen nur in chinesisch und japanisch erfolgen.

Sanft und ohne starkes Motorengebrumm läuft die *Su Zhou Had* mit Kurs gen Osten über das Chinesische Meer. Auf dem Sonnendeck bleiben die Klappstühle meist leer. Die Passagiere sitzen zwischen den Mahlzeiten gern vor einem der stets eingeschalteten Fernsehgeräte, oder sie schauen beim Tischtennis zu. Vor dem Informationstresen hat man gleich nach dem Ablegen die grüne Tischtennisplatte aufgestellt, und nun messen sich einige Passagiere ununterbrochen im chinesischen Nationalsport.

ORPORATION
品公司
镜公司
药房
恬尔心
金饰品
SUPER MANGO JUICE
正
广
和
上海五钢
蓝天酒楼
欣欣乐园
股份有限公
安怡
曼登琳

協大祥公司
工美珠宝首饰行
冠龍照相材料商店
中国杉杉
FIRS
中国杉杉
FIRS
Canon
FIRS

Die 6. Etappe
Durch Japan und nach Amerika

Fußgängerbrücken, wie hier an der *Osaka Station,* und verzweigte Unterführungen spleißen die Verkehrsströme auf, so daß man in japanischen Großstädten zu Fuß meist rasch vorankommt.

Folgende Seiten: Zum Haupttempel der Kegon Sekte, dem *Todaj-ji Tempel* in Nara, strömen die Besucher in Scharen. Schüler fallen durch ihre gelben Kappen auf.

Exakt zur angekündigten Zeit, mittags 13 Uhr, nach 48 Stunden Fahrzeit, legt die *Su Zhou Had* am kleinen internationalen Terminal von Osaka an. Ostasiaten schätzen Pünktlichkeit, ganz besonders die Japaner, die Chinesen sind auf dem Weg gleichzuziehen. Mit dem Lastwagen schiebt man eine Fahrgastbrücke ans Schiff, so daß sich das Hinabklettern auf dem Fallreep erübrigt.

Japan erwartet seine Besucher mit Pingeligkeit. Mag sein, daß die Passagiere des *chinesischen Schiffs* besonders unter die Lupe genommen werden, mag sein, daß auf dieser Route Rauschgiftschmuggler erwartet werden, die Zollbeamten stutzen bereits bei einigen Medikamenten der Reiseapotheke. Wir werden zur eingehenden Befragung in einen Anhörraum gebeten. Nachdem wir auf der bisherigen Reise nicht ein einzigesmal ein Gepäckstück öffnen mußten, wollen Japans Zöllner alles wissen, vorerst alles sehen. Nach dreißig Minuten Fragen und Antworten haben wir die zwei Beamten überzeugen können, daß eine Weltreise auf Jules Vernes Spuren kein Pappenstiel ist und daß man für die drei Monate Reise mehr als eine Bordtasche mitnimmt. Während wir, ausgerüstet mit einer Hoteladresse in Bahnhofsnähe, die Abfertigungshalle verlassen können, muß eine junge Canadierin ihr Gepäck beim Zoll deponieren, zum Geldwechseln fahren, um dann für einige zollpflichtige Artikel den Obolus zu entrichten.

Die erste Fahrt mit einem geräumigen schwarzen Taxi ist beeindruckend. Einmal überraschen weiße Spitzensitzüberzüge, wie auf europäischen 1.-Klasse-Zügen alter Zeit. Der uniformierte Chauffeur trägt dazu passend weiße Stoffhandschuhe, mit denen er nur ungern beim Gepäckeinladen zupackt. Zum zweiten ist es

der Preis, der dem Reisenden gleich einen richtigen Vorgeschmack vom japanischen Preisgefüge vermittelt. Die 35minütige Fahrt kostet umgerechnet 120 Mark (6.700 Yen).

Die Viertel in Hafennähe sehen wohl überall gleichermaßen freudlos aus. Containerlagerplätze, Schuppen und graue Bürogebäude säumen die Route vom Hafen in die City. Der Brückenzoll auf der Schnellstraße kostet pro Wagen elf Mark (600 Yen). Dafür überrascht das vom Zöllner empfohlene preiswerte Hotel in der Nähe des alten Bahnhofs *Osaka Station*.

Die kleine saubere Herberge liegt im Herzen des Rotlichtdistrikts, gewissermaßen mitten im japanischen *St. Pauli* von Osaka. Das knapp zehn Quadratmeter kleine Zimmer kostet den Spottpreis von umgerechnet knapp hundert Mark pro Nacht. Der Ausblick mündet nach zwei Metern an der Wand eines grauen Lichtschachts. Zentrale Duschräume gibt es im Erdgeschoß hinter dem Tresen des Wirts. Der zierliche siebzigjährige Mann spricht recht gut englisch, und da er bereits die USA und Deutschland besuchte, weiß er, wie sich Reisende in der Fremde fühlen. Er hilft uns bei der weiteren Reiseorganisation gern, was vielen Japanern wegen mangelnder Englischkenntnisse nicht möglich ist.

Für Zartbesaitete sind derartige »Absteigen« in einem Hafenvergnügungsviertel nur bedingt zu empfehlen. Man schont dabei zwar die Reisekasse, muß jedoch das ungewohnte Milieu in Kauf nehmen: dienstbereite Damen stolzieren auch vor dem Hoteleingang auf und ab. Protzige Zuhälterautos parken rundum in den Gassen. Alles spielt sich jedoch dezent, ohne derbes Anmachen, ab, und der Wirt unseres Quartiers vermietet die Zimmer offensichtlich nicht stundenweise.

Zahlen im Reisehandbuch verraten etwas mehr über diese wichtige Region: »Osaka hat den zweitgrößten Hafen und ist die zweitgrößte Stadt Japans. Sie ist Mittelpunkt des Industriegebietes Hanshin. Die seit Beginn des achtzehnten Jahrhunderts gebauten Kanäle gaben Osaka auch den Namen *Venedig des Ostens*. Mit 103 Metern ist das höchste Gebäude der Aussichtsturm *Tsutenkaku.*« Auf den Weltreisenden, der Städte wie Bombay, Madras und Shanghai noch in frischer Erinnerung hat, wirkt Osaka nüchterner, mehr vom Zweckdenken geprägt. Osaka ist pragmatisch, auf Effizienz abgestimmt. Dagegen wirkt Bombay chaotisch, aber liebenswert.

Für den Fremden erschließt sich Japan sehr viel schwerer als Indien. Das liegt, obwohl viele Straßen- Firmen- und Ortsnamen auch in lateinischen Buchstaben aufgeführt werden, an den viel geringeren Fremdsprachenkenntnissen der Durchschnittsjapaner, keinesfalls an der Bereitschaft, mit dem fremden Gast im Land zu kommunizieren. Es fehlen – wie so häufig – die Möglichkeiten, sich auszudrücken.

Osaka ist für den Weltreisenden die Reise wert. Obwohl es nicht auf der direkten Route von Phileas Fogg liegt, der bekanntlich von Shanghai bis Yokohama per Schiff unterwegs war, sollte man hier Station machen. Da die meisten Schiffe von Shanghai Kobe oder Osaka anlaufen, liegt diese Region ohnehin auf dem Weg. In Osaka findet man unter anderem den ältesten Tempel, den 593 gegründeten *Tenno-ji* und Reste der Burg. Die stärksten Eindrücke empfängt der Weltenbummler jedoch in den benachbarten Städten Nara und Kyoto. Beide waren Residenzen und Hauptstädte des Landes. Nara von 710 bis 794 n. Chr. und anschließend Kyoto bis 1868. Und in beiden Orten findet man faszinierende Beispiele japanischer Architektur und Monumente der Religiosität.

Nara und Kyoto: Japanische Perlen

Von Osaka verkehren im regelmäßigen Rhythmus Züge, die unseren S-Bahnen ähneln, nach Nara mit einer knappen Stunde Fahrzeit. Am dortigen Informationsschalter ist man auf ausländische Besucher eingestellt. Das Informationsblatt führt alle Sehenswürdigkeiten zweisprachig auf und enthält gleichzeitig Angaben über Entfernungen, Zeiten und Rundwege. Wer vom Bahnhof schnurgerade die Sanjodori Street fünfhundert Meter entlang wandert und sich dabei nicht von Imbißstuben und Souvenirläden aufhalten läßt, steht unerwartet vor zwei hohen Pagoden. Drei- und fünfstöckig, in den Jahren 1143 und 1426 errichtet, zaubern die Zickzackformen der hölzernen Turmbauten die Illusion von Himmelsleitern.

Im großen Kreis warten hinter den Pagoden zahlreiche Tempel und Schreine, die, eingebettet in eine Waldlandschaft, die Wanderung (im doppelten Sinn) zu einem göttlichen Vergnügen gestalten. Kern- und Hauptstück ist der *Todaj-ji Tempel* an der nördlichen Stadtgrenze, der Haupttempel der Kegon-Sekte, die bereits im Jahr 745 entstand. Er ist das größte Holzbauwerk der Welt.

PUMA
KAZU

Obwohl nach einem Brand 1708 bis 1709 um ein Drittel verkleinert wieder aufgebaut, mißt der Tempel immer noch 57 x 50 Meter. Wenn schon der gewaltige Sakralbau durch seine wohlproportionierten Maße und die schönen, übereinander schwingenden Dächer fasziniert, das Tempelinnere hält die größte Überraschung bereit.

In der *Daibutsuden*, der Halle des Großen Buddha, ragt die höchste Statue Japans bis unter das Dachgebälk. 437 Tonnen soll der Bronzebuddha wiegen, 130 Kilogramm Gold sind für seinen Schmuck mit verwendet worden. Flankiert von zwei kleineren Buddhaskulpturen beherrscht er übermächtig Raum und die ihn bewundernden kleinen Menschen.

Wenn ein Monument so groß wie der Buddha von *Todaj-ji* ist, stören die ameisenkleinen Besucher nicht mehr. Die für Japans Sehenswürdigkeiten typischen Schulklassen in Uniformen und zum Teil in farbigen Mützen schwirren um die Statuen, ohne Aufsehen. Draußen, vor dem Tempel, warten weitere Überraschungen: eine goldglänzende Steele, geschaffen für die Weltausstellung in Japan und hier wieder aufgestellt. Die *Große Glocke*, unter einem Baldachindach, bei der ein Souvenirverkäufer seinen Stand aufgeschlagen hat. Dann, nach einem Weg bergauf durch den Wald, kommt man zum *Tempel Nigatsu*, zu dem (vorbei an Kalvarien ähnlichen Steinstöcken) die an einen Bußgang erinnernden Stufen führen.

Blick auf Nara unter schwingenden Lampen, auf der Balustrade sitzen still und versunken einige Ältere. Die Bilder erinnern an Darstellungen japanischer Riten der Vergangenheit. Schließlich, nach einer Wanderung durch den Wald, man ist schon auf Abschied eingestellt, dringt zarte Musik aus dem großen *Kasuga-Schrein*. Einst war hier das Schatzhaus der Fujiwara-Sekte. Ein Priester traut jetzt gerade ein junges Paar. Er im steifen, schwarzen Anzug. Die Braut im traditionellen weißen Hochzeitsgewand. Eine mit dem Kleid erfahrene Frau richtet Falten, hilft beim Abwärtsgehen über Stufen und beim Hinsetzen, ehe Pose und Stil dem offiziellen Foto mit der Familie entsprechen. Im Hintergund, am Schrein, steigt aus einem glänzenden Kessel Weihrauch in den Himmel.

Es folgt noch eine Überraschung: Auf dem Rückweg, kurz vor dem Sagi-ike See, mit Brücke und Pavillon ebenfalls ein Bild wie aus einer Tuschzeichnung, liegt linker Hand ein Kaffeehaus. Grün umschlingt das alte Gebäude. Im Inneren sitzen bei gedämpften Unterhaltungen Gäste auf gemütlichen Stühlen. Keine laute Musik, wie sonst meist üblich. Drei Frauen, offensichtlich Großmutter, Mutter und Tochter, bereiten Kaffee, Tee und Schmalzkringel zu: alles in wohltuender Ruhe. In dem alten Raum ist es heimelig, gemütlich. Die zur Erfrischung gereichten kleinen Frotteetücher wurden in der Mikrowelle erhitzt und sind nicht kalt und lappig. Der Kaffee ist kräftig und gut. Im Kontrast zu den vielen auf schnellen Umsatz orientierten Imbißstuben findet man – so wie hier in Nara – noch Oasen japanischer Gastlichkeit.

Im *Todaj-ji Tempel* von Nara wird die mächtige Skulptur des Großen Buddha verehrt. 130 Kilogramm Gold sollen für seine Ausschmückung verwendet worden sein. Leuchten, wie auf dem linken Bild, und Betstöcke säumen die Wege zu einigen Tempeln.

Folgende Seiten: Schmuckstück und Sinnbild japanischer Sakralbauten ist der *Kinkaku-ji Tempel,* der Goldene Pavillon, in Kyoto.

Der goldene Tempel von Kyoto

Man kann von Nara direkt mit dem Zug nach Kyoto fahren, oder – wie wir es machen – die Orte von Osaka aus getrennt besuchen. Bei dem einer Weltreise entsprechenden großen Gepäck empfiehlt sich ein Hotel in zentraler Lage, von dem der Reisende mehrere Ziele leicht erreichen kann. Ein täglicher Hotelwechsel kostet zusätzlich Kraft und kann zermürbend sein.

Kyoto liegt an der *Shinkansen*-Strecke nach Tokyo. Mit dem Superexpreß sind es rund zwanzig, mit den Vorortzügen dreißig bis vierzig Minuten. Knapp elfhundert Jahre, bis 1868, war Kyoto Hauptstadt Japans. Die zahlreichen, wenn auch weit auseinanderliegenden, Sehenswürdigkeiten stammen aus dieser Zeit. So wurde der erste Kaiserpalast im Jahr 794 erbaut, die Nachbildung von 1895 gibt einen gewissen Eindruck. Auch der neuere Kaiserpalast *Gosho* wurde erst 1855, also kurz vor der Übersiedlung des Kaisers nach Edo, dem späteren Tokyo, neu errichtet. Authentischer zeugt die kaiserliche *Sommervilla Shukaguinrikyu* von der Lebensweise der Gott-Kaiser. Und natürlich sind es wieder die Tempel, die zu einem Besuch verführen, der *Jisho-ji* ein Buddha-Tempel und der *Ryoanji*, ein Zen-Tempel.

Der Weltenbummler wird sich beschränken müssen und nur einige wesentliche Bauwerke erkunden. Zu ihnen gehört der *Kinkaku-ji Tempel* (auch Ginkaku-je geschrieben), der Tempel des Goldenen Pavillons. Durch seine schöne Lage in einem Park an den Ausläufern der Kyoto begrenzenden Hügel und durch den ihn fast ganz umschließenden See fasziniert er besonders. Er liegt wie das Paradebeispiel aller japanischen Tempel goldglänzend und schön vor grünem Wald und spiegelt sich im Wasser. Da stört es nur wenig, daß auch dieser Bau nach einem Brand 1955 neu errichtet worden ist, weitmöglichst nach dem bereits 1394 entstandenen Original. Seine Geschichte beginnt als Profanbau: Bereits Anfang des 13. Jahrhunderts wird von der komfortablen *Villa des Kintsune Saion-ji* berichtet. Ab 1394 ließ der dritte Shogun von Ashi Kago die »atemberaubende Anlage« errichten. Er wollte das »Leben voller Frieden in Szene setzen«. Es ist ihm gelungen. Wir, die wir mit Schülerguppen um den See und durch den Park pilgern, werden vom Gedanken des Shogun erfaßt und zünden am Fudodo-Schrein eine handvoll Räucherstäbchen an, die wir wie die Japaner mit der linken Hand in den Sand des Kupferkessels stecken.

Rasche Fahrt mit dem Shinkansen

Im Park um den »Goldenen Tempel« in Kyoto harmoniert die kleine Steinpagode mit der sie umgebenden Landschaft (Bild rechts).

Pünktlich und häufig rollen die *Shinkansen* auf eigenen Gleisen über die langgestreckte japanische Inselkette. Rascher als mit dem Superexpreß kann man auf dem Land nicht vorwärtskommen.

Entsprechend den Vorbildern aus Jules Vernes Roman wird der Weltreisende von Osaka nach Yokohama und Tokyo die Eisenbahn benutzen, und zwar den *Shinkansen*, den Superexpreß, den man mit dem französischen TGV oder dem deutschen ICE vergleichen kann. Ohne japanische Sprach- und Schriftzeichenkenntnisse geht der Reisende erstmal mit Sorgen zur *Osaka Station*. Dort findet er jedoch rasch die Schalter für die Expreßzüge. Getrennt nach Tagen werden die Fahrkarten an unterschiedlichen Schaltern verkauft. Die Buchung und Platzreservierung erfolgt elektronisch. In weniger als einer Minute liegen die ausgedruckten Billette mit Wagen- und Sitznummern vor. Raucher- und Nichtraucher-Waggons sind generell getrennt.

Da die *Shinkansen* auch am Sonntagmorgen alle Viertelstunde über die langgestreckte Insel Honshu sausen, erwartet der Fremde an diesem Tage keinen großen Andrang. Doch Japaner sind reisefreudig. Weiter im Norden, vor Yokohama sind die Waggons voll besetzt. Die meisten Superexpreßzüge nehmen nur Reisende auf reservierten Plätzen mit. Einige haben jedoch wenige Waggons mit nicht reservierten Sitzen, in denen der *last-minute-Passagier* reisen darf.

Folgende Seiten: Sorgfältig arrangiert wurde das traditionelle Brautkleid, ehe die große Familie zum Hochzeitsfoto bereit war.

Das Einsteigen auf den Bahnhöfen ist wohldurchdacht. Nummern auf den Bahnsteigkanten kennzeichnen die entsprechenden Waggontüren. Und dann hält der Zug wirklich handbreitgenau an den Markierungen, so daß die in Reihe wartenden Fahrgäste nicht mehr hin- und hereilen müssen, sondern schnurstracks in den Zug steigen können.

Die hohe Reisegeschwindigkeit von bis zu 270 Stundenkilometern spürt man nicht. Auch der Druckabfall in Tunnelstrecken ist gering. Vorbei ziehen meist sich wiederholende Szenen: zwischen den Ortskernen mit einigen höheren Gebäuden erstrecken sich Wohngebiete mit eingeschossigen Häusern flach und monoton. Unterschiede prägen die Siedlungen kaum. Gelegentlich stoßen unterwassergesetzte Reisfelder bis an die Bebauungsgrenzen heran. Nur wenig Grün umgibt die Parzellen. Hin und wieder zeigen Giebel in den Formen alter japanischer Holzbauten lokale Eigenart. Dann wieder erstaunen riesige, mit grünen Netzen bespannte Käfige. Es sind die *driving ranges* der Golfer, in denen Spieler in zwei, ja in drei Etagen übereinander den richtigen Abschlag üben. Die Netze schützen Anlieger vor allzuweit fliegenden Bällen.

Für den Europäer erscheint die fast 500 Kilometer lange Strecke ständig durch besiedelte Zonen zu verlaufen. Er vermißt die Landschaft. Er möchte mal, so weit das Auge reicht, nur Wälder und Wiesen sehen. Doch an der Shinkansen-Trasse haben sich Industrien und deren Beschäftigte niedergelassen. Natur pur gibt es nicht mehr.

In Yokohama stoßen wir wieder auf die Spuren der von Jules Verne gestalteten Weltreise. Bekanntlich hatte es der Diener Passepartout in Hong Kong im letzten Augenblick geschafft, sich aus seinem Opiumrausch zu erheben. An Bord der *Carnatic* durchquerte er das Chinesische Meer. Jules Verne schrieb über die Ankunft in Yokohama:

»Dieser Hafen, in den sämtliche Postdampfer einlaufen, ist ein Knotenpunkt des Pacifischen Ozeans; alle Reisenden zwischen Nordamerika und China, zwischen Japan und den Malaiischen Inseln müssen ihn passieren. Yokohama liegt in der Bucht von Yeddo, nicht weit von der großen Stadt gleichen Namens. Yeddo, die zweite Hauptstadt des japanischen Kaiserreiches, war früher Residenz des Taikun, des Zivilkaisers, und Rivalin von Meako, der vom Mikado bewohnten Großstadt. Der Mikado hingegen ist der religiöse Kaiser, der von den Göttern abstammen soll. Die *Carnatic* schob sich in ihren Landungsplatz am Quai von Yokohama, nahe beim Hafendamm und bei den Zollschuppen, mitten zwischen zahlreichen Schiffen aus aller Herren Länder. Ohne jede Begeisterung setzte Passepartout seinen Fuß auf die so interessante Erde der Söhne der Sonne. Er hatte keine Wahl, als den Zufall zu seinem Führer zu machen und auf gut Glück durch die Straßen der Riesenstadt zu bummeln.«

Yokohama: Japans Tor zur Welt

Nach der wirtschaftlichen Öffnung Japans im Jahr 1850 entwickelte sich Yokohama zum Tor des Welthandels. Ein modern gestalteter Platz erinnert mit der Gedenktafel an den entscheidenden Vertrag zwischen Japan und Amerika.

Das rechte Foto zeigt die *Hikawa-maru,* das letzte Linienschiff, das über den Pazifik verkehrte. Hier am *Kanagawe Hafen* begannen Jules Vernes Helden mit der Suche nach dem verlorengegangenen Diener Passepartout.

Dem Weltreisenden in heutiger Zeit präsentiert sich Yokohama als lebendige, emsige, recht nüchterne Hafen- und Geschäftsstadt. Er findet in der Nähe des *Osanbash Pier* die *Kaigan Church*, die 1872 gebaut worden ist, als Jules Vernes Helden die Stadt erreichten. Von den Idyllen, die im Buch beschrieben werden, fehlen die Spuren. Aber man liest noch mal gern nach:

»Dieser Eingeborenenteil Yokohamas heißt Benten, nach einer Göttin des Meeres, die auf den benachbarten Inseln verehrt wird. Hier stieß er auf prachtvolle Tannen- und Zedernalleen, heilige Pforten einer fremdländischen Architektur, auf Brücken, die in Bambus- und Schilfdickichten versteckt lagen, auf Tempel im Schatten ungeheurer und wehmütig stimmender jahrhundertealter Zedern; er sah Bonzenklöster, in denen Buddhistenpriester und die Anhänger der konfuzianischen Sekte hausten; und er schaute in endlos scheinende Straßen, in denen eine Riesenmenge von Kindern mit rosenfarbenen Teint und roten Apfelbäckchen herumsprangen, kleine Menschlein, die aussahen, als wären sie aus einer bemalten Papierwand herausgeschnitten. Sie spielten mitten unter kurzbeinigen Hündchen und falben, schwanzlosen Katzen, die sehr faul und sehr liebebedürftig zu sein schienen.

In den Straßen herrschte überhaupt eine ameisenartige Bewegung, ein stetes Kommen und Gehen: Bonzen zogen in Prozession und schlugen dazu ihre monotonen Tamburine, Yakuninen, Zoll- und Polizeibeamte mit lackierten hohen Hüten, jeder mit zwei Schwertern im Gürtel, dann Soldaten in blauen Baumwolluniformen mit weißen Streifen, alle mit Karabinern bewaffnet. Man sah Leibwächter des Mikado in ihren engen, gepolsterten Seidenwämsern, unter denen sie Panzerhemden tragen und sonst noch militärisch aussehende Leute aller Art.«

Gründe für die Vernichtung der meisten historischen Gebäude des neunzehnten Jahrhunderts sind Natur- und Kriegsereignisse. 1923 zerstörte das gewaltige Erdbeben einen großen Teil der Stadt, und 1945 zerbombten kurz vor Kriegsende die Alliierten Hafen und Altstadt.

Fast alle Gebäude sind neu entstanden. Yokohama gleicht einer Pionierstadt im Goldfieberrausch. Ein Superprojekt heißt *Minato Mirai 21*. Auf 186 Hektar entsteht eine Zukunftsstadt, in der 10.000 Menschen leben und 190.000 arbeiten sollen.

Ähnlich muß es hier vor einhundertvierzig Jahren zugegangen sein. Nachdem die japanischen Shogune ihr Land über zweihundert Jahre lang hermetisch von ausländischen Einflüssen abgeschlossen hatten, erreichten die Nordamerikaner 1853 durch Verhandlungen und wohl auch diplomatischen Druck die wirtschaftliche Öffnung Japans. Das Jahr 1858 markiert die Aufnahme von Handelsbeziehungen. Der *Hafen Kanagawa* am Strand von *Yokohama* war das Scharnier des sich rasch entwickelnden Seehandels. Aus den einhundert Häusern der Jahre 1858/59 entwickelte sich – den Goldgräberstädten ähnlich – eine geschäftige Hafenstadt. Bis heute bestehen enge Beziehungen zu den USA, denn Yokohama ist in erster Linie auf den Seehandel und ganz besonders auf den Pacific orientiert.

Die heutigen Sehenswürdigkeiten haben sich seit 1872 entscheidend gewandelt, als Jules Vernes Helden Yokohama erkundeten. An der einstigen Hafenmole, an der damals Überseedampfer festmachten, entstand der *Yamashita Park*. Zwischen *Yamashita-* und *South-Pier* schmükken Bäume, Blumen und Bänke die Anlage an der Hafenpromenade. Jugendliche und Liebespaare erfreuen sich des schönen Ambiente. Büroangestellte essen hier eilig während der Mittagspause einen Snack. Schauerleute, Matrosen und Kapitäne sucht man dagegen vergebens. Die großen Handelsschiffe löschen an neuen, entfernten Piers ihre Ladung.

Auch ein wenig Nostalgie kann man entdekken: Am *Osanbashi Pier*, dem ersten Anleger der guten alten Zeit, legen sogenannte Gourmetschiffe an. Vor dem *Yamashita Park* dockt fest vertäut die *Hikawa-maru*. Einst dampfte sie dreißig Jahre lang von Yokohama nach Seattle und zurück. Heute ist sie Museum und Restaurant in einem. Japanische Hochzeitsgesellschaften feiern auf dem alten Linienschiff gern ihre Feste, heißt es im Prospekt.

Von Europa aus hatten wir bereits recherchiert welche Schiffsverbindungen es von Yokohama an die Westküste der USA gibt. Hier vor Ort befragen wir erneut Hafenpolizei und ein auf Seereisen spezialisiertes Reisebüro, jedoch ohne Erfolg. Das Schiffskursbuch führt Passagierdienste nach China, Korea und zu den südlichen asiatischen Ländern auf. Der letzte »Liner« nach San Francisco hat schon vor Jahren den Dienst eingestellt. Die Konkurrenz der Flugzeuge war übermächtig. Hinzu kommt der große Zeitgewinn.

Dem Weltreisenden, der authentisch und über alle Strecken auf Jules Vernes Spuren die Erde umrunden will, bleibt erneut nur die Suche nach einem Frachtschiff. Die modernen, schnellen Containerschiffe laufen in nur elf bis vierzehn Tagen über den Pacific, also in der halben Zeit, die Phileas Fogg noch für die Überfahrt von Yokohama nach San Francisco benötigte. Von Tokyo oder Yokohama werden in regelmäßigen Abständen die Containerterminals von Oakland, Los Angeles und Seattle bedient. Es gibt auch Schiffe, die direkt in die Bucht von San Francisco und von hier nach Oakland laufen. Wie bei allen vorangegangenen Passagen haben wir über Frachtschiffreisebüros die zeitlich günstigste Reise herausgesucht. Wem dies aus Gründen der allzulangen Vorausplanung nicht behagt, der kann auch – mit etwas mehr Zeitaufwand – in Tokyo nach einer Frachtschiffgelegenheit Ausschau halten. Die Tage auf See sind nach den turbulenten, mit gelegentlich allzuvielen Begegnungen angefüllten, Wochen in Asien willkommene Ruhetage. Wenn auch die Spuren der Jules Verneschen Erzählung sich auf den Meeren verwischt haben, so ist einer der bleibenden Eindrücke einer Weltreise à la Phileas Fogg diese Überfahrt auf dem Pacifischen Ozean.

Jules Vernes hat über Yokohama eingehend berichtet. In der Hafenstadt traf Foggs Diener Passepartout ohne Geld ein und ohne Ahnung, wo sich sein Herr aufhalten könne. Nach ergebnisloser Suche an den Piers wanderte er nach Benten in das vom Autor als Eingeborenenviertel bezeichnete Quartier. Dieser Spur folgen wir. Eine neuere Benten Bridge existiert auch heute. Über sie fließt reger Verkehr. Auf der alten Brücke ging Passepartout und suchte eine Erwerbsmöglichkeit. Die erste Nacht verbrachte er auf dem Land bei den nahegelegenen Reisfeldern. In heutiger Zeit müßte ein Wanderer viele Kilometer gehen, ehe er einen Zipfel freies Land findet. Tatsächlich ist die Region zwischen Yokohama und Tokyo vollständig bebaut worden.

Tokyo ist mehr als ein Abstecher wert

Die Erzählung vom »verlorenen Diener« fand schließlich einen überraschenden Abschluß. Im Zirkus, bei dem sich Passepartout verdungen hatte, entdeckten sich die Weltenbummler wieder. Die Reise in achtzig Tagen um die Erde konnte in der bewährten Besetzung weitergehen.

Während sich Phileas Fogg und Gefolge, ohne Rast in Tokyo, auf dem Steamer *General Grant* einschifften, beschließen wir, 120 Jahre später, die so viel besprochene japanische Hauptstadt zu erkunden. Unverzeihlich wäre es, wenn man quasi vor den Toren Tokyos nach Amerika abbiegen würde.

Während an der Wasserfront von Yokohama ein paar architektonisch interessante Gebäude entstanden sind, prägen Zweckbauten die Strecke nach Tokyo, schuhkartonförmige Lagerhallen, kubische Klötze für unterschiedliche Nutzung, Wohnblocks mit trocknender Wäsche auf den Balkonen, Schrottplätze, Parkplätze. Je mehr man in die Hafenstadt eindringt, desto höher wachsen die Bürogebäude wie Silos. Nach dem ersten, tristen Entré, das man vom Zug gesehen hatte, überrascht *Ginza*. Das als Einkaufsparadies bekannte Stadtviertel kann sich mit europäischen Zeilen gleicher Güte durchaus messen. Alles ist vertreten: Juweliere, Modegeschäfte, Konditoreien mit Cafés und nicht zuletzt Warenhäuser mit einem breiten Angebot auf höchstem Niveau. Die Höflichkeit der Verkäufer, das pingelige wie liebevolle Herrichten der Waren und das Bemühen, von allem möglichst das Beste zu bieten, dies kann auch den Fremden zu einem Kaufrausch verführen. Hinderungsgründe sind die begrenzten Staumöglichkeiten im Gepäck eines Weltreisenden, aber noch mehr die Preise: fast alle Dinge sind gut doppelt so teuer als in Europa.

Ein Bummel durch die baumbestandenen Nebenstraßen weckt vertraute Erinnerungen an die Metropolen Europas. Man spürt die Weltstadt. Der Fremde genießt die Mischung aus Hektik und Gelassenheit. Auch das Serviceangebot kennt kaum Grenzen. Fast alles ist machbar und zwar schnell, denn den Weltstädter kennzeichnet Ungeduld. Müßig zu erwähnen, daß

***Ginza* gehört zu den reichen Stadtvierteln Tokyos. Die Angebote der Geschäfte sind unerschöpflich, die Preise immens, das Flair weltstädtisch.**

hier auf jeden Block ein Dutzend Gaststätten den Hungrigen verführen wollen. Von den Garküchen, in denen man am Tresen oder an kleinen Tischen rasch und für japanische Verhältnisse preiswert abgefüttert wird, bis zu den exklusivsten und teuersten Restaurants findet man in Tokyo alles dicht beieinander.

Auch wenn die Zeit des Weltenbummlers knapp ist, für einen Besuch der *Kaiserlichen Gärten* sollte sie reichen. Denn hier in den von breiten Wassergräben und steilen Mauern geschützten Anlagen des Kaiserpalastes finden wir die Keimzelle Tokyos. Um die Burg Edo entwickelte sich ab der Mitte des 15. Jahrhunderts die gleichnamige Stadt. Der Sitz der Tokugawa, die 1603 das Shogunat übernahmen, gewann immer mehr an Bedeutung. Doch es dauerte weitere 265 Jahre, ehe Edo in Tokyo, was östliche Hauptstadt bedeutet, umbenannt worden ist. Erst 1869 verlegte der Kaiser seine Residenz hierher. Mit dem Umzug nach Tokyo war die Auflösung des Shogunats verbunden, und es folgte die Öffnung des Landes für westliche Technik und Kultur. Tokyos Name steht dementsprechend für den Beginn der neuen Zeit Japans.

Nur zu Neujahr und am Geburtstag des Kaisers öffnen sich die sonst streng bewachten Tore des inneren Palastes. An allen anderen Tagen kann der Besucher nur einen kleinen Teil besichtigen. Man darf beispielsweise vom *Saikuradamon Tor* im Westen die äußeren Palastgärten erkunden und an der Steinbrücke ein wenig vom *Fushimiyaguro Komplex* erspähen. Offen und für lange Spaziergänge gut geeignet ist der Ostgarten, den man beim *Ote-min-Tor* betritt. Gleich hinter dem Eingang zeigt eine kleine Ausstellung besonders ausgesuchte Schriftgrafiken ab dem 12. Jahrhundert, die einmal zur kaiserlichen Sammlung gehörten, jetzt aber der öffentlichen Hand übereignet wurden. Für den Kalligraphen sind die Exponate ein Hochgenuß. Die Widmung spiegelt ein wenig das Verhältnis des Kaiserhauses zum Volk wider. Im Text heißt es, daß seine Kaiserliche Hoheit einen Teil der Sammlung der Öffentlichkeit zugänglich mache und daß die Grafiken gesammelt worden seien, um ein wichtiges japanisches Kulturgut zu erhalten.

Die Parks auf Ninomaru und Honmaru lassen sich mit europäischen herrschaftlichen Gärten nicht vergleichen. Es fehlt die gewohnte Blütenpracht, nur einige Azaleenrabatten setzen Farbakzente. Strenge, ästhetische Naturplanung wird sichtbar. Obwohl als Landschaftsgärten konzipiert, hat man das Gefühl, daß alles Wach-

Der östliche Teil des kaiserlichen Parks steht Besuchern offen. Die Damenriege auf dem Bild hat einen Teil der Gartenpflege übernommen. Es ist ein lustiges Bild: Frauen im besten Alter jäten kichernd Unkraut.

sen überwacht worden ist. Am früheren Haus der Wache und auf den breiten Straßen und Wegen erinnert die Anlage an einen Exerzierplatz.

Der Gartenfreund findet in Tokyo noch einige weitere schöne Anlagen, in denen er sich nach dem Trubel in den Straßen der Hauptstadt erholen kann. Die bedeutendsten Parks sind der *Rikugien-Garten*, ein typischer japanischer Landschaftsgarten aus dem 18. Jahrhundert, außerdem der *Hibiya Park* und der Shinjuku *Gyoen-Garten* sowie der *Nationalpark Meguro*, in dem der Urzustand der morastigen Ebene für Tiere und Pflanzen erhalten wird.

Das wohl intensivste Erleben der zweitgrößten Stadt unserer Welt hat der Fremde in den öffentlichen Verkehrsmitteln. Die anfangs verwirrende Anzahl von Linien mit zum Teil unterschiedlichen und auf eine andere Strecke nicht übertragbaren Fahrkarten sind kunstvoll auf die Menschenströme der in Tokyo Arbeitenden abgestimmt. Da an den Bahnhöfen die Namen auch in lateinischer Schrift stehen, ist das Zurechtfinden für den großstadtgewohnten Weltenbummler nicht so schwer. Viel schwieriger ist es, dabei ständig inmitten einer Menschenmenge eingeschlossen zu sein. Dieses *Bad in der Masse*, wie es Politiker auf Wahlveranstaltungen lieben, ist nichts für sehr Empfindsame. Wir stellen in Tokyo fest, daß wir des öfteren eine Pause in einem Park oder für uns alleine benötigen, um wieder zu uns zu kommen.

Bleibende Eindrücke Japans sind die sich ständig schiebenden Menschenmassen und eine extrem dichte Bebauung in den Ballungsräumen. Bild rechts: in Tokyo.

Der Palast des japanischen Kaisers: Außer am Geburtstag des Tenno und zu Neujahr bleiben Palast und innere Gärten der festungsartig erbauten Anlage dem Publikum verschlossen.

Tokyo bedeutet für uns auch Abschied von Asien. Knapp zwei Monate sind wir von Ägypten und den Arabischen Emiraten, über Indien, Singapore und China bis Japan gereist. An Zeit haben wir schon zwei Drittel der vorgesehenen Spanne genutzt. In Kilometern sind wir erst bei der Hälfte der Strecke angekommen. Jules Verne schrieb über die Erfahrung seiner Weltreisenden folgendes:

»Neun Tage nach der Abfahrt von Yokohama hatte Phileas Fogg genau die Hälfte der Erdkugel umfahren.

Genau gesagt, passierte die *General Grant* am 23. November den hundertachtzigsten Längengrad, eben den, auf dessen Gegenseite sich – aber auf der nördlichen Halbkugel – London befindet. Zwar hatte Mr. Fogg von den achtzig ihm zur Verfügung stehenden Tagen bereits zweiundfünfzig verbraucht; es standen ihm also nur noch achtundzwanzig zur Verfügung. Andererseits muß festgestellt werden, daß sich unser Gentleman – hinsichtlich der meridionalen Aufteilung – erst auf halbem Wege befand, in Wahrheit jedoch bereits über zwei Drittel seiner Reiseroute hinter sich gebracht hatte. Unausweichlich waren ja all die Umwege: von London nach Aden, von Aden nach Bombay, von Calcutta nach Singapore und von Singapore nach Yokohama! Hätte er einfach dem fünfzigsten Breitengrad, auf dem London sich befindet, folgen können, dann wäre die ganze Strecke nicht länger als ungefähr zwölftausend Meilen gewesen. So aber war Phileas Fogg gezwungen worden, der launenhaften Anlage der Verkehrsmittel wegen, ganze sechsundzwanzigtausend Meilen zu befahren, von denen er an diesem 23. November ungefähr siebzehntausendfünfhundert Meilen hinter sich gebracht hatte. Doch von nun an war die Reiseroute schnurgerade!«

Wie Phileas Fogg und jeder Weltreisende, der die Erde in östlicher Richtung umfährt, erleben auch wir beim Überqueren des 180ten Längengrades einen *Zeitsprung*. Wir passieren die Datumsgrenze und erhalten scheinbar einen geschenkten Tag. In unserem Fall läuft der 1. Juni zweimal hintereinander ab. Im Grunde sind es jedoch nur die abgezwackten Stunden, die wir bei jeder Zeitzone *verloren* haben. Von Paris bis Japan waren es insgesamt acht Stunden. Acht weitere Stunden gehen beim Umstellen der Uhren und der Reise über den Pacific hinweg. Und die letzten acht Stunden werden wir (ohne die Sommerzeit zu rechnen) auf der Rückreise von San Francisco nach Paris aufbrauchen.

Jules Verne nutzte diesen *geschenkten Tag* für einen dramatischen Spannungseffekt. Er ließ Phileas Fogg jeden Tag und Reiseabschnitt akkurat in sein Notizbuch eintragen. Dabei geht der Tag der Datumsgrenze über dem Pacifischen Ozean *verloren*. Scheinbar einen Tag zu spät traf Fogg schließlich in London ein und glaubte bereits, seine Wette verloren zu haben, bis – wirklich in der letzten Stunde – der Zeitirrtum aufgeklärt wurde.

八
454)6863
フジカラー
大衆割烹 2F
大衆酒蔵 1F
そば、うどん
225
270
260
270円
270円
270円
320円
300円
300円
350円

Die 7. Etappe
Amerika von Westen nach Osten

Jules Verne beschrieb Ankunft und Aufenthalt seiner Romanhelden in San Francisco recht ausführlich:

»Es war sieben Uhr morgens, als Mr. Fogg, Frau Aouda und Passepartout auf dem amerikanischen Kontinent Fuß faßten, wenn man den schwimmenden Quai so bezeichnen darf, an dem sie von Bord gingen. Diese Anlegeplätze steigen und fallen mit Flut und Ebbe, was das Verfrachten und Löschen der Ladungen sehr erleichtert. Hier legen Klipper aller Dimensionen an, Dampfer aus allen Ländern, auch die mehrstöckigen Dampfboote, die den Verkehr auf dem Sacramento und dessen Nebenflüssen besorgen.«

Seit 1872 hat sich der Hafen von San Francisco mehrfach und grundlegend verändert. Einen Höhepunkt der Expansion setzte, symbolisch gesehen, das Jahr 1896. Damals entstand das neue Hafenamt mit dem Glockenturm als Wahrzeichen. Auch heute gehört dieses Areal, in dem einst Passagierschiffe abgefertigt wurden, zu den Sehenswürdigkeiten der Stadt. An den Piers entstanden Anleger für die Bay-Fähren. Zwei Restaurants, wie alle am Hafen auf Fischspeisen spezialisiert und noch nicht so überlaufen, bieten zum Essen den schönen Blick auf die *S. F. Bay Bridge*.

Ein großes Erneuerungsprogramm läßt die Piers zwischen Glockenturm und *Fisherman's Wharf* wieder aus dem Dornröschenschlaf erwachen. Nach dem Rückgang der Passagier- wie Frachtschiffahrt verfielen die von 1 bis 45 durchnumerierten Piers. Jetzt geben frische Farben, neuangelegte Bürgersteige und Straßen dem *Barcadero* neuen Glanz. Eine Reihe von Firmen ist in die früheren Frachtbüros und Lagerhallen eingezogen. Pier 39 mauserte sich zu einem Vergnügungszentrum. Hier legen auch die Passagierschiffe, die auf Kreuzfahrt San Francisco besuchen, an. Am Pier 39 tobt das Leben, und unzählige Besucher wollen *Fisherman's Wharf*, die frühere Lände der Fischer erleben. Das Spektakel gleicht dem bei Volksfesten oder dem aller populären, touristisch überlaufenen Plätze.

Phileas Fogg und seine Begleitung würden diesen Stadtteil nicht wiedererkennen. In einer Kutsche fuhren sie zu dritt durch die bereits damals boomende Stadt. Im Buch schrieb Jules Verne:

»San Francisco bot den Anblick einer großen Handelsstadt. Das Regierungsgebäude mit seinem hohen Turm, von dem aus die Stadt scharf überwacht wird, beherrscht das gesamte Stadtbild, die vielen Straßen und Alleen, die alle rechtwinklig angelegt sind und zwischen denen schöne Grünflächen liegen; die Chinesenstadt schien in einer Spielzeugschachtel direkt aus dem Reich der Mitte importiert zu sein.«

In der modernen City von San Francisco fällt die Suche nach Jules Vernes Spuren schwer. Fast alle alten Gebäude wurden zumeist als Folge des großen Erdbebens zerstört.

Folgende Seiten: Die Skyline von San Francisco: Hochhäuser verändern und prägen die Aussicht vom *Nob Hill* stets aufs Neue.

In San Francisco ist man schnell zu Hause

Von *Fisherman's Wharf* verkehren zwei der berühmten, alten Straßenbahnlinien über den Nob Hill nach Down-town. Wenn man nicht gerade zur Lunchzeit eine lange Schlange Wartender antrifft, geht die Fahrt mit der rumpelnden Tram recht zügig den steilen Berg hinan. Man wundert sich, wie die Bahnen die Steigungen schaffen, bis man die Geräusche im Erdboden vernimmt. Kabel, die in versenkten Schienenschächten laufen, ziehen und bremsen die *Cable Cars*. So eine Fahrt gehört zu den Attraktionen für den Fremden, ganz gleich, ob er noch einen Platz ergattert hat oder ob er – was als lässig gilt – auf dem Trittbrett balanciert. Phileas Fogg traf ein Jahr zu früh ein, um mit der *Cable Cars* zu fahren, denn die erste nahm erst 1873 in der Clay Street ihren Dienst auf.

Am Nob Hill lohnt es auszusteigen, einen Blick in die neugotisch stilreine Kathedrale zu werfen und – noch mal in Ruhe – auf schmalen Pfaden bis zu den Aussichtspunkten wie *poets corner* zu steigen. Blick und Überblick auf Stadt, Bay und die *Golden Gate Bridge* lohnen die kleine Mühe, wenn nicht Seenebel die Aussicht trübt. Nob Hill bietet in einigen der besten

S
HOBART
BUILDING

Hotels sehr gute, wenn auch nicht billige, Unterkunft. Neben den Nobelherbergen gibt es viele kleinere, preiswerte Häuser.

Der Europäer, der nach langer Reise durch Asien nach San Francisco kommt, hat das Gefühl, wieder *zu Hause* einzutreffen. Häuser, Menschen, Geschäfte und das Flair der Viertel auf den Hügeln erinnern ihn an vertraute Gefilde. Das kleine italienische Restaurant in der Taylor Street serviert den Salat so frisch und knackig, wie man es von Europa gewohnt ist. Beim Studium des Stadtplans an der Straßenecke sprechen Ortskundige den Fremden an und geben Hilfe bei der Suche. Keine Sprachbarrieren hemmen Gespräche. Der Weltenbummler fühlt sich wohl und stellt sich nun erstmals auf den zweiten Teil der langen Reise, auf seine Rückfahrt, ein.

In den ersten Junitagen unseres Aufenthalts erreicht ein Kältetief Californien. Der Wind pfeift eisig über die Bay von Nordwest. Die auf sommerliche Temperaturen abgestimmten Kleider schlackern am Körper. Wir frieren. Den Bewohnern der Stadt ergeht es nicht anders, doch sie haben dicke Jacken und Mäntel herausgeholt, und sie beteuern im Gespräch, daß die Kälte für Anfang Juni ganz außergewöhnlich sei. In den Rocky Mountains, so berichten die Zeitungen, hat es kräftig geschneit. Das sind keine günstigen Aussichten für unsere bevorstehende Tour mit einem Planwagen in den Bergen.

Doch vorerst verfolgen wir weiter die Spuren von Phileas Fogg in San Francisco. Wir schreiten kräftig aus, um uns warm zu halten und sind rasch beim zentralgelegenen Union Square. In der benachbarten Haupteinkaufsstraße, der Montgomery Street, ließ Jules Verne das *meeting* stattfinden: eine Wahlveranstaltung für den künftigen Friedensrichter, bei dem die jeweils einen Kandidaten unterstützenden Parteien sich nach Wortgefechten so in die Haare gerieten, daß es zu einer kräftigen Schlägerei kam, bei der auch Fogg und Detektiv Fix etwas abbekamen. Anschließend mußten die beiden sich neue Anzüge als Ersatz für die im Kampf zerfetzten kaufen. Doch die Montgomery Street eignet sich nur schlecht für eine große Veranstaltung. Wahrscheinlich hatte Jules Verne den Union Square im Auge, der schon damals der zentrale Platz der Stadt war. Von hier war es nicht weit zum Fährhafen. Über die Bay gab es 1872 keine Brücke, und die Passagiere mußten zur Eisenbahnstation nach Oakland übersetzen. Wenn der Autor seine Helden bereits in San Francisco in den »abfahrbereiten Zug« einsteigen läßt, so fehlten ihm offensichtlich die Informationen über den Fährverkehr auf der Bay.

Am 10. Mai 1869 erreichten die Schienenstränge die heutige californische Hauptstadt Sac-

Am *Embercadero* machten einst Linien- und Frachtschiffe an San Franciscos Piers fest. Das Tor des Fähranlegers steht jetzt verwaist, denn die *Amtrak Trains* enden in Oakland oder Richmond auf der anderen Seite der Bay.

Zu den Attraktionen der Stadt gehören *Cable Cars,* die von Down-town über den *Nob Hill* auch bis *Fisherman's Wharf* verkehren.

ramento. Das Datum wird als Geburtsstunde der *Ocean-to-Ocean*-Eisenbahnverbindung genannt, obwohl erst später, am 6. September 1869, die erste Verbindung bis zum Fähranleger in Oakland auf der Ostseite der Bay fertiggestellt worden ist. In Oakland entstanden Piers der konkurrierenden Eisenbahngesellschaften: die *Alamedo-Mole*, das *Western Pacific Pier*, das *Oakland Pier* und das *Key Route Pier*. In einer Dokumentation über die Eisenbahnen heißt es: »Um im (pacifischen) Eisenbahnverkehr erfolgreich zu sein, mußten die Gesellschaften auch im Fährgeschäft aktiv sein.« Die Gesellschaften warben um die Kunden unter anderem mit den besten Essen auf ihren Schiffen. Bis zum Bau der *Oakland Bay Bridge* nach San Francisco waren die Fähren die einzige rasche Möglichkeit, um in Oakland oder Richmond die Züge der verschiedenen Eisenbahn-Kompanien zu erreichen. Erst 1937 wurde die Piers der *Atclison, Topeka* und *Santa Fes train-ferry Terminal* in Richmond stillgelegt. Richmond ist auch heute ein Endpunkt der transkontinentalen Eisenbahnverbindung, der *Amtrak*. Von San Francisco nach Oakland oder Richmond werden die Fahrgäste mit Bussen transportiert.

Reise durch die Einsamkeit

Jules Verne beschrieb ausführlich die erste Eisenbahnverbindung:

»Der Eisenbahnwagen, den Phileas Fogg benutzte, war eine Art langer Omnibus auf vier Achsen, die es ermöglichten, auch die engsten Kurven damit zu befahren. Im Innern gab es keine Abteile. Auf beiden Seiten standen lange Reihen von Sitzen, die senkrecht zu den Achsen orientiert waren. Dazwischen blieb ein Gang frei, durch den man zu den Toiletten gelangen konnte, mit denen jeder Wagen ausgerüstet ist. Durch die ganze Länge der Zugkomposition konnte man über kleine Stege von einem Wagen in den anderen gelangen, so daß die Passagiere sich von einem Ende des Zuges zum andern begeben konnten. Da gab es nämlich noch Salon-Wagen, Terrassen-Wagen, Wagen-Restaurants und sogar Kaffee-Wagen. Es fehlten bloß noch die Theater-Wagen. Aber die gibt's sicher eines schönen Tages auch noch.

Durch die Gänge und über die Stege zirkulierten unaufhörlich Zeitungs- und Buchverkäufer, die ihre Ware anpriesen, dann Schnaps-, Lebensmittel- und Zigarrenhändler, und alle fanden reichlich Kundschaft.«

Die von Jules Verne beschriebene Ebene von der Bay bis Sacramento gibt dem Reisenden einen ersten Eindruck von der oft bis zum Horizont reichenden Weite des Landes. Steppe, gelbbraun, in niedrigen flußnahen Gegenden bereits im frischen Grün, erstreckt sich zwischen den *Villages*. Die Orte bestehen oft aus nicht viel mehr als aus der Main Street. Ein, zwei Banken, drei, vier *Coffee-Shops* und Restaurants, das Office des Sheriffs und verschiedene Ladengeschäfte säumen die Durchgangsstraße, bilden das Rückgrad der Siedlung. Zwischen 12 und 14 Uhr wird *lunch* serviert. Wer später kommt, hat Glück, wenn er noch Sandwiches zum Kaffee erhält. Eine halbe Stunde von San Francisco entfernt und abseits der Hauptrouten breitet sich Einsamkeit aus.

Wir steuern unser erstes Ziel, das Eisenbahnmuseum bei Fairfield mit dem Mietwagen an. Im Gegensatz zu Phileas Fogg, der nur auf rasche Fortbewegung bedacht war, wollen wir verschiedene Stationen einlegen, um, wie man so sagt, »Land und Leute besser kennen zu lernen«.

Ein Wegweiser lenkt den Fahrer zu einer Ansammlung von Schienenfahrzeugen und Holz-

häusern. Sonnenlicht brennt auf die als Museum bezeichnete Anlage. Drei Nahverkehrswagen, die regionalen Dienst taten, und fünf als Schaffner uniformierte Männer warten auf Eisenbahnfreaks, die mit den Waggons eine Runde durch den kleinen Freizeitpark fahren wollen. Im *bookshop* des Museums finden wir später so ziemlich alle Publikationen über amerikanische Bahnen.

Auf einem Abstellgleis erinnern weitere Waggons der *Southern Pacific* und anderer Linien an die Zeit der großen amerikanischen Eisenbahnen. Wie in so vielen Ländern haben Flugzeuge die Passagiere zum schnelleren Reisen verführt. Sattelschlepper transportieren die Güter in Containern über das gut ausgebaute Netz der *Interstate Highways*. Nach dem großen Sterben der meist privaten Eisenbahngesellschaften in den 60er und 70er Jahren hätte der Weltreisende Jules Vernes Spuren quer durch Nordamerika nur noch streckenweise per Bahn folgen können.

Einen neuen Anfang markiert die Gründung der *Amtrak* 1971-1972, einer über das Netz verschiedener Gesellschaften verkehrenden, gewissermaßen nationalen, Eisenbahngesellschaft. *From coast to coast* von der Bay von San Francisco bis Chicago gibt es wieder eine durchge-

hende Linie. Daran im Anschluß verkehren *Amtrak*-Züge von Chicago nach New York. Bis Denver wollen wir der Route per Auto folgen, um dann die rund 4.000 Kilometer lange Strecke mit *Amtrak*-Zügen nach New York zu fahren.

Phileas Fogg reiste auf fast demselben Schienenstrang, den auch die Bahnen heute nutzen. Nur gelegentlich wurde beim Bau des Interstate Highways 80 die Trasse verlegt. Man fährt über große Strecken per Auto gewissermaßen »Auge in Auge« mit den *Amtrak*-Passagieren.

Jules Verne beschrieb die Eisenbahnfahrt sehr ausführlich. Offensichtlich gab es nach der Öffnung dieser Strecke im Jahr 1869 einen eingehenden Bericht in den französischen Zeitungen:

»Hinter Sacramento fuhr der Zug nach den Stationen Junction, Roclin, Auburn und Colfax die Gebirgskette der Sierra Nevada hinauf. Es war sieben Uhr morgens, als er die Station Cisco passierte. Eine Stunde darauf war aus dem Schlafsaal wieder ein gewöhnlicher Eisenbahnwagen geworden, und die Reisenden konnten aus den Fenstern ein wenig von der malerischen Gebirgslandschaft erkennen. Die Eisenbahnlinie folgte der launischen Formation der Sierra: hier kroch sie an den Felswänden entlang, dort

Mit staatlicher Hilfe gelang es der *Amtrak* nach der Krise der amerikanischen Bahnen wieder ein respektables Eisenbahnnetz einzurichten. Auch auf der von Phileas Fogg befahrenen Strecke verkehren *Amtrak Züge*.

An zahlreichen Orten pflegen staatliche wie private Museen die vergangene Eisenbahntradition. Dieser *Western Pacific Waggon* steht bei Fairfield in Californien.

Das Foto auf der rechten Seite zeigt einen Ausschnitt des großen Salzsees in Utah.

Folgende Seiten: Die *Main Street* von Winimucca, an der Motels, Tankstellen und Snackbars auf Reisende warten.

hing sie über Abgründen, vermied die scharfen Winkel durch kühne, weit angelegte Kurven, und dann stürzte sie sich wieder mutig in enge Schluchten, aus denen es keinen Ausweg zu geben schien. Die Lokomotive sprühte Funken wie ein Reliquienschrein, und aus ihrem großen Kamin schoß ein fahlroter Schein; ihre versilberte Glocke leuchtete, und man erkannte ihren Kuhfänger schon von weitem, der wie ein Sporn vorstand. Ihr Pfeifen und melancholisches Geheul mischte sich mit dem Rauschen der Wildbäche und Wasserfälle, und ihre Rauchfahne rankte sich um die schwärzliche Borke der Tannen.«

Bald hinter der Hauptstadt Sacramento führt der breit ausgebaute Interstate Highway 80 in die Berge. Für den Europäer und Weltreisenden, der Nordamerika im wesentlichen mit der Prärie und von Wolkenkratzern geprägten Städten gleichsetzt, beginnt die große Überraschung. Es handelt sich nicht nur um mittlere Höhenzüge, die sich von der californischen Küstenregion aufbauen, es sind Hochgebirge, die den Vergleich mit den Alpen nicht zu scheuen brauchen. In großen Schwüngen führt die Autobahn bergan und läßt den Reisenden vergessen, wie rasch er auf zweitausend Meter Höhe klettert. Für mehr als eine Tagesreise begleiten noch Anfang Juni mit Schnee bedeckte Bergketten die Route. Klar ist die Luft hier oben. Kalt streicht der Wind von den Schneefeldern in die Hochtäler. In den Raststätten sieht man fröstelnde Touristen in Shorts und T-Shirts, die sich bereits auf Sommerwetter eingestellt haben und die meist zu den schönen Nationalparks in den Rockies unterwegs sind. Doch richtig sommerlich wird es hier oben erst im Juli, wenn auch die amerikanischen Ferien beginnen. Dann allerdings sind ein paar hunderttausend Familien unterwegs, und mit dem Quartier kann es ohne Vorbestellung abends problematisch werden.

Im Motel von Winimucca

Wie auf ein geheimes Zeichen hin steuern amerikanische Reisende meist bereits zwischen fünf und sechs Uhr nachmittags die Orte am Highway an, in denen ein Motel neben dem anderen die Main Street säumt. Grüne Leuchtzeilen signalisieren schon von weitem: *Vacancy* oder in Rot *No vacancy*. Sonderpreise, beheizte Schwimmbäder, Angebote einschließlich Frühstück, all dies erfährt der Aufmerksame bereits beim Vorbeirollen. Je nach Ausstattung und Größe der meist mit ein bis zwei Kingsize-Betten ausgestatteten Zimmer variieren die Preise zwischen 18 und 70 Dollar. Duschen und Fernsehgeräte sind dabei selbstverständlich. Das *Einchecken* geschieht fast bei allen Motels rasch, und meist bezahlt man sein Zimmer, bevor man in der Rezeption den Schlüssel empfängt. Das hat den großen Vorteil, daß der Reisende jederzeit weiterfahren kann. Den Zimmerschlüssel wirft man dann in einen Kasten an der Rezeption.

Auch das Dinner nehmen Amerikaner auf ihre Weise und nach bewährten Regeln ein. Einmal essen die meisten auf dem Land – und auf der Fahrt – sehr früh. Ab 18.30 erwarten die Restaurants ihr Gäste, die sich dann sittsam am Schild *Wait here, untill you will be seated* anstellen. Mit dem Eiswasser kommt das *menu*, die Speisekarte. Fast überall gibt es das *todays special*, ein Menü, bei dem Suppe oder Salat und ein Nachtisch im Preis inbegriffen sind, das ist meist preiswert und gut. Die USA tragen beim Weltreisenden, nach dem vorausgegangenen Japan-Aufenthalt, zu einer spürbaren Erholung der Reisekasse bei. Auch wenn die erste Frage der meist besonders höflichen Bedienung auf eine Getränkebestellung zielt, so kann man sich, ohne schlechtes Gewissen, an das Eiswasser oder an Kaffee halten.

Während in den großen Städten und besonders an den Küsten sich Gerichte und Portionen stark dem europäischen Standard nähern, servieren die meisten Restaurants auf dem Land gewaltige Menüs, die wir nur selten aufessen können. Dann darf man getrost nach einem *container* fragen, einer kleinen Styroporschachtel, in dem auch mancher Amerikaner das bezahlte, aber nicht verzehrte Essen mitnimmt.

Nach unserer Übernachtung in Winimucca fahren wir gemächlich weiter auf der Interstate 80 gen Osten. 65 Meilen Höchstgeschwindigkeit sind erlaubt. Mehr als zehn Meilen sollte man nicht schneller fahren. Die Strafen können hoch ausfallen, und auf langen Geraden in der Prärie überwachen gelegentlich Polizeiflugzeuge die Geschwindigkeit. Das für Europäer langsame Tempo führt bei uns, besonders in Regionen mit langen Geraden zu starker Müdigkeit. Dann helfen nach unseren Erfahrungen öfter eingelegte Kaffeepausen oder auch eine kleine Wanderung in der frischen Luft der Berge.

WINNERS
HOTEL CASINO
HOTEL
WINNERS
HOTEL CASINO
FATHERS DAY DRAWING
BINGO
WED THRU SUN
CORNER

EXXON
1319
UNLEADED
1399
GASOLINE
DOUG'S
Discount
NEW
LUBE
&
OIL
SCOTT
MOTEL
Mini
Market
127

Über die große Weite, die Einsamkeit der Prärie, über die bis zur Trostlosigkeit reichende Öde ist viel geschrieben worden. Für uns, die wir noch die beengten Verhältnisse Japans in frischer Erinnerung haben, ist der Kontrast besonders kraß. Obwohl wir bereits Anfang Juni haben, breiten sich die Hochebenen noch im monochromen Braun bis Olivgrün aus. Nur vereinzelt wagen sich Blüten und frisches Grün heraus. Über lange Strecken sieht man kein Haus. Einsam gelegene Höfe verstecken sich hinter spärlichem Gebüsch. Wohncontainer und ein Windrad für die Brunnenpumpe kennzeichnen eine Ranch oder nur den Wohnsitz einer Familie, die in die Prärie gezogen ist. Doch fast beständig begleiten Eisenbahngleise und Telegrafenleitungen den Highway. Hier rollten Phileas Fogg mit Frau Aouda, Passepartout und den sie noch immer folgenden Detektiv Fix vor 120 Jahren nach Utah. Jules Verne beschrieb die Strecke sehr anschaulich:

»Von dieser Stelle aus fuhr der Zug eine Weile dem Humboldt River entlang und stieg dann mehrere Meilen in nördlicher Richtung. Dann bog er nach Osten um und verließ den Wasserlauf bis zu der Humboldt-Gebirgskette (wo der gleichnamige Fluß seine Quelle hat), also bis zur Ostgrenze von Nevada, nicht mehr. Nach dem Mittagessen nahmen Mr. Fogg, Frau Aouda und ihre Mitreisenden wieder im Wagen Platz. Phileas Fogg, die junge Frau, Fix und Passepartout hatten sich bequem zurückgesetzt und betrachteten die vielfältige Landschaft, die vor ihren Augen abrollte – weite Prärien, Berge am Horizont, Creeks mit ihren schäumenden Wassern. Hie und da erschien wie ein beweglicher Damm eine Herde Bisons in der Entfernung. Diese zahllosen Wiederkäuer bilden oft für die durchfahrenden Züge ein fast unüberwindliches Hindernis. Es ist schon vorgekommen, daß man Tausende dieser Tiere vor einem Zuge durchziehen sah. In einem solchen Fall muß dann die Lokomotive einfach anhalten und warten, bis der Weg wieder frei ist.«

Eine Bisonherde, wie sie Jules Verne über die Schienen ziehen läßt, stoppt heutzutage den Verkehr nicht mehr. Damals mußte die Lokomotive anhalten, um einen Zug von einigen Tausend Büffeln auf ihrer Wanderung vorbeitrotten zu lassen. Das kostete drei Stunden der für Phileas Fogg kostbaren Zeit. Dagegen passieren wir dieselbe Strecke, kurz bevor ein Sturm den Highway für mehrere Stunden lahmlegen sollte. Einige Sattelschlepper mit Containern werden in der folgenden Nacht umgeweht und blockieren die Fahrbahn. Auf siebzig Meilen Länge sperrt die Polizei daraufhin die wichtige West-Ost-Route.

Utah: Das Refugium der Mormonen

Der Haupttempel der Mormonen überragt das Kirchenareal der Glaubensgemeinschaft in Salt Lake City. Zutritt zu den Tempeln haben nur streng praktizierende Gläubige.

Eine Abhandlung über die Mormonen leitete Jules Verne geschickt mit dem Zusteigen des Missionars William Hitch auf der Station Elko ein. (Wir suchen auf unserer Fahrt den Bahnhof, finden jedoch an der neuen *Amtrak*-Strecke nur noch ein dürftiges Wartehäuschen.) Missionar Hitch, so Vernes Geschichte, ließ im Zug verbreiten, daß er eine Konferenz über das Mormonenturm abzuhalten gedenke:

»Die Nachricht verbreitete sich rasch durch den ganzen Zug, der, ungefähr hundert Passagiere führte. Von diesen wurden höchstens dreißig vom Reiz einer Konferenz angelockt und fanden sich denn auch prompt auf den Doppelsitzen von Wagen Nummer 117 ein. Passepartout saß in einem der vordersten Sitze. Weder sein Herr noch Fix hatten es der Mühe wert gehalten, zu erscheinen. Zur gegebenen Stunde erhob sich der ältere Hitch, und mit verärgerter Stimme, als wäre ihm bereits widersprochen worden, brüllte er los:

›Ich sage euch: dieser Joe Smith ist ein Märtyrer, sein Bruder Hiram ist ein Märtyrer. Und die Verfolgungen der Regierung der Union werden auch aus Brigham Young einen Märtyrer machen! Wer wagt es, das Gegenteil zu behaupten?‹«

Jules Verne hielt nicht allzuviel von den Mormonen, denen er »Vielweiberei« vorwarf, und auch seine Prognose, der Nachfolger von Joseph Smith, der genannte Brigham Young, werde bald als Märtyrer sterben, sollte sich nicht bewahrheiten. Brigham Young starb im hohen Alter eines natürlichen Todes.

Bevor wir in Utah, im »Land der Mormonen«, Station machen, lesen wir über die Geschichte dieser Religionsgemeinschaft einiges nach. Der Zug der Mormonen in das Tal am Salt Lake gehört zu den bewegendsten Ereignissen der amerikanischen Geschichte. Der Name Mormonen leitet sich von dem Buch Mormon ab, in dem die Zeit von 600 v. Chr. bis 421 n. Chr. von nephitischen Geschichtsschreibern aufgezeichnet wurde. Der letzte von ihnen, Moroni, ein Sohn Mormons, schrieb vom 8. Kapitel bis zum Ende dieses Buches. Dann versiegelte er es, damit es »in den letzten Tagen« wieder hervorgeholt werden könne. Im Jahr 1827 kündigte der wie-

derauferstandene Moroni die Übergabe der Platten mit den Aufzeichnungen dem Propheten Joseph Smith an. Der Prophet der Mormonen schildert dieses Ereignis wie folgt:

»Während ich so im Gebet zu Gott begriffen war, gewahrte ich, daß ein Licht in meinem Zimmer erschien, das zunahm bis der Raum heller war als am Mittag, worauf alsbald ein Engel neben meinem Bett erschien, in der Luft stehend, denn seine Füße berührten den Boden nicht.

Er war mit einem losen Gewand von außerordentlicher Weiße bekleidet. Es war weißer als irgend etwas, was ich je gesehen; auch glaube ich nicht, daß etwas Irdisches so auserlesen weiß und glänzend gemacht werden könnte. Seine Hände waren bloß, auch seine Arme, bis etwas über dem Handgelenk; auch seine Füße waren unbekleidet, ebenso seine Beine, bis ein wenig über den Knöcheln. Sein Haupt und sein Hals waren ebenfalls bloß. Ich konnte sehen, daß er außer diesem Gewand kein andres trug, denn es war offen, und ich konnte seine Brust sehen.

Nicht nur war sein Kleid außerordentlich weiß, sondern seine ganze Erscheinung war von unbeschreiblicher Herrlichkeit, und sein Antlitz leuchtete wie Blitze. Das Zimmer war außerordentlich hell, aber nicht so hell wie in unmittelbarer Nähe seiner Gestalt. Als ich ihn zuerst sah, fürchtete ich mich, aber die Furcht verließ mich bald.

Er nannte mich beim Namen und sagte mir, er sei als ein Bote von der Gegenwart Gottes zu mir gesandt worden und heiße Moroni; Gott habe ein Werk für mich zu tun, und mein Name werde bei allen Völkern, Geschlechtern und Sprachen für gut oder böse gelten, oder man werde bei allen Völkern sowohl Gutes als auch Böses von mir sagen.

Er sagte, es sei ein auf goldenen Platten geschriebenes Buch aufbewahrt, das einen Bericht von den früheren Einwohnern dieses Kontinents und ihrem Ursprung gebe; auch sei darin die Fülle des ewigen Evangeliums enthalten, wie es der Heiland jenen alten Einwohnern verkündigt habe.«

Drei und später acht Zeugen haben die Existenz der Schriftplatten bestätigt und bezeugt, daß sie die Platten genau geprüft und angefaßt hätten. Auf den Texten des *Buches Mormon* gründen sich wesentliche Glaubensregeln der Gemeinschaft, sie ergänzen das Alte und Neue Testament.

Einige der mormonischen Regeln versagen den Gläubigen beispielsweise den Genuß von Alkohol, Kaffee, Tee, Tabak und anderen Rauschmitteln, eheliche Treue wird selbstverständlich gefordert. Wer diese Regeln nicht beachten will, dem wird auch der Besuch der neben den Chapels, den Kirchen, bestehenden Tempel verwehrt. Die häufig zitierte Mehrehe war Mitte des neunzehnten Jahrhunderts eine Notlösung, um die hohen Verluste an Männern auf den Trecks nach Utah und durch die Verfolgung auszugleichen. Dies sei heute kein Thema mehr, beteuern Mormonen auf die häufig gestellte Frage.

Ein eher beiläufiges Erlebnis verdeutlicht uns die Gesetze, die im nach wie vor von Mormonen stark geprägten Staat Utah praktiziert werden. Auf einem Deich fahren die Autos zwischen dem rechter Hand liegenden großen Salzsee und

Saint Pioneers werden die Mormonen genannt, die in Illinois wegen ihres Glaubens verfolgt wurden und nach Utah zogen, um dort einen eigenen Staat aufzubauen. Auf dem Treck konnten die meisten der Vertriebenen nur geringe Habe und Verpflegung auf dem zweirädrigen Karren mitnehmen.

einer wassergefüllten Senke, welche die Fahrbahnen trennt. Über einen eigenen Damm, der von Telegraphenstangen flankiert ist, rollen die *Amtrak*-Züge. Nach längerer Fahrt durch die trokkene Öde stellt sich starker Durst ein. Ein Café bei einer Tankstelle inmitten der Einsamkeit verheißt Stärkung. Doch am Eingang der in einem Container untergebrachten Raststätte warnt ein Schild: »Dies ist kein öffentliches Lokal, sondern ein Club. Temporäre Mitgliedschaft kann bei der Bedienung für den Beitrag von einem Dollar beantragt werden.« Die Mitgliedskarte verrät den Sinn:

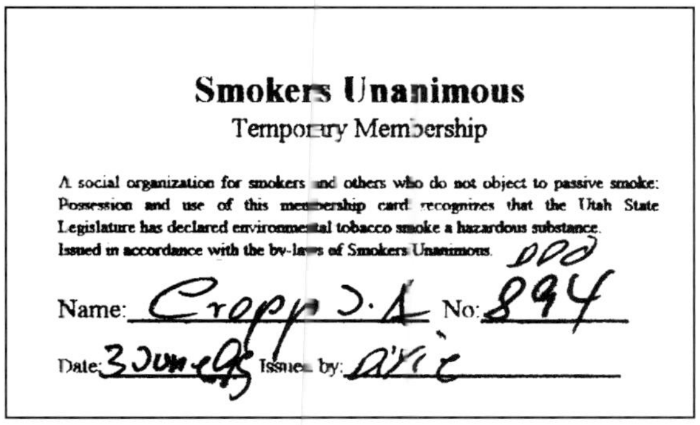
Smokers Unanimous
Temporary Membership

A social organization for smokers and others who do not object to passive smoke: Possession and use of this membership card recognizes that the Utah State Legislature has declared environmental tobacco smoke a hazardous substance. Issued in accordance with the by-laws of Smokers Unanimous.

Name: Cropp D. A. No: 000 894

Date: 3 June 98 Issued by:

Erst nachdem wir uns in die Mitgliederliste eingetragen haben, dürfen wir eine Bestellung aufgeben. Hintergrund ist das Antiraucher-Gesetz des Staates Utah, das Rauchen auch in öffentlichen Gaststätten strikt untersagt. Daraufhin haben die *Anonymen Raucher* das Café in ein Clublokal verwandelt.

Nach der langen Fahrt durch die weite Landschaft überrascht Salt Lake City. Ein Kern mit modernen Hochhäusern wird umgürtet von aufgelockerten Wohnvierteln mit viel Grün. Gewerbebetriebe fallen nicht so stark ins Auge, wie bei anderen amerikanischen Großstädten. Die Stadt wirkt aufgeräumt und schmuck. Gemäßigt, ja gemessen bewegen sich in der City formell Angezogene. Für die *Mountain States,* die Staaten in den Rocky Mountains, ungewöhnlich, sehen wir die meisten Männer in Anzügen und mit Schlips und Kragen. Wir sind am Zentrum der Mormonen, am großen Tempel in Salt Lake City.

Hostessen empfangen die Besucher gleich hinter den Eingangstoren des großen Areals am Tempel. Sie stellen die Interessierten zu kleinen Gruppen zusammen, die sie dann eine dreiviertel Stunde lang über Geschichte und Bedeutung der Glaubensgemeinschaft informieren. Das Herzstück aller Mormonen, der große Tempel, bleibt dem Fremden ebenso wie dem nicht voll praktizierenden Mormonen jedoch verschlossen. Über den Zaun erspähen wir lediglich zwei frischgetraute Paare, die im konventionellen Dreß, sie in weiß, er in schwarz, gerade aus dem Tempel schreiten. Es folgt die Aufstellung der Familien zum Hochzeitsfoto – wie überall auf der Welt.

Den Einblick in die Denkweise, gewissermaßen die Brücke in den Glauben der wachsenden und weltweit missionierenden Gemeinde, bilden die im Park stehenden Skulpturen. Einmal ist es der Prophet Joseph Smith mit seinem Bruder Hiram. Jung und vorwärtsschauend, wenn auch im altväterlichen Stil des 19. Jahrhunderts, weisen die Brüder den Weg zum Heil. Die Ermordung von Joseph Smith bietet einigen Mormonen Grund zum sehr umstrittenen Vergleich mit Leiden und Tod Jesu.

Eine zweite Skulptur zeigt Sea Guls (Seegänse) bei der Rettung der ersten Mormonen im Great Salt Lake Valley. Nachdem die Siedler auf ihrem Treck von den sie verfolgenden Andersgläubigen das heutige Utah erreicht hatten, bestellten sie die Felder mit ihren letzten Getreidekörnern. Das Überleben im folgenden Winter hing wesentlich von der zu erwartenden Ernte ab. Als Heuschreckenschwärme die frischen Triebe aufzufressen begannen, zeichnete sich eine Katastrophe ab. Das gemeinsame, inbrünstige Gebet der Gemeinde wurde laut Bericht von Gott erhört, der eine große Zahl der im Landesinneren sonst unbekannten Seegänse schickte. In wenigen Tagen fraßen die Vögel alle Heuschrecken auf. Die Siedler wurden vor dem Verhungern bewahrt. Und die *Sea Gul* wurde später zum staatlichen Wappentier Utahs erkoren.

Schließlich erinnert eine weitere Plastik an die Flucht der Mormonen von Illinois in das gelobte Land am Salzsee. In Bronze wird eine vierköpfige Familie abgebildet, die einen Handkarren mit ihrer Habe auf dem Trail zieht. Der später als *Mormon trail* bezeichnete Pfad führt vom Winterquartier in Nebraska über den South Paß im heutigen Wyoming in das Great Salt Lake Valley. Er ist mehr als 1.600 Kilometer (tausend Meilen) lang. In den Jahren von 1847 bis 1869, bevor Eisenbahnen regelmäßig verkehrten, hatten mehr als siebzigtausend *Saint Pioneers* den Treck auf sich genommen, um, wie es heißt, ihre religiösen Freiheiten zu bewahren. Nur sehr wenige Familien konnten sich einen Ochsenkarren leisten. Pferde gab es nur für die sehr Jungen und ganz Alten oder die Kranken. Die meisten gingen zu Fuß oder zogen die Handkarren. Die Ladung mußte dementsprechend so leicht als möglich gehalten werden, damit die Kraft der Pioniere bis zum Ziel ausreichte. Anonym bleibt die Zahl der Toten, die den großen Treck nicht überstanden.

Nach dem Besuch weiterer Sehenswürdigkeiten in Salt Lake City starten wir zum South Pass nach Wyoming, denn über diese Wasserscheide zwischen Pacific und Atlantik führten vor einhundertfünfzig Jahren drei wichtige Wege.

Mit dem Planwagen zum South Pass

Der erste Pfad war der bereits beschriebene *Mormon trail*. Der zweite wurde als *Oregon trail* bekannt, weil die Siedler im weiteren Verlauf gen Norden nach Oregon zogen. Der dritte wird *Pony Express* genannt, weil über diese Route auch die schnellste Postverbindung bis San Francisco eingerichtet worden war. In Stafetten, mit ständigem Pferdewechseln, galoppierten die Kuriere in nur einer Woche von Nebraska nach Californien.

Wind pfeift über den *South Pass*. An mehreren historischen Punkten erinnern Bronzetafeln an die Wanderungen der westwärts ziehenden Siedler. Gegen Abend verklärt die Sonne die kalte, graubraune Landschaft. Wir stehen in 2.500 Meter Höhe. Ein paar Meilen ostwärts biegt die Sandstraße nach Southpass City ab, eine Siedlung, die nur auf regionalen Karten eingezeichnet ist. Die Piste schwingt hügelan und -ab. Nach Regenfällen wird sie zu einer glitschigen Rutschpartie. Ein Förderturm der verlassenen Goldmine markiert den Ortsanfang. Am Parkplatz von Southpass City gibt es auch das Holzhaus von *West trail*, einem Familienunternehmen, das sich auf möglichst authentische Touren mit Pferden und Pionierplanwagen spezialisiert hat. Wir stehen eine Stunde vor der Verabredung vor der verschlossenen Tür, heften eine Karte an die Klinke und fahren über skipistenähnliche Wege ins benachbarte Atlantic-City zum Abendessen in ein Hotelrestaurant im Westernstil. Der Name des Ortes dokumentiert, daß wir nun auf der Atlantik-Seite der großen amerikanischen Wasserscheide angelangt sind.

Mit den spannenden Erlebnissen, die Jules Verne seinen Reisenden zuschrieb, wird der heutige Weltenbummler kaum mithalten können. Indianerüberfälle auf Eisenbahnen gibt es nicht mehr. Bekanntlich hatte Passepartout die Passagiere vor dem sicheren Tod gerettet, in dem er vor Fort Kearney die führerlose, auf Hochtouren fahrende Lokomotive von den Waggons abkoppelte, so daß der Zug an der Station zum Halten kam und Soldaten die bereits in die Wagen eingedrungenen Indianer vertreiben konnten. Passepartout war mit zwei weiteren Passagieren in Gefangenschaft geraten. Romanheld Phileas Fogg erreichte den Einsatz eines nächtlichen

Suchkommandos, das die Gefangenen befreite und zum Fort zurückbrachte. Der Zug war jedoch nach Rückkehr der Lokomotive weitergefahren, und Phileas Fogg geriet in immer größere Zeitnot. In diesem prekären Moment kam den Reisenden ein Eissegler zu Hilfe, der die Gruppe in abenteuerlicher, stürmischer Fahrt zum nächsten Zug nach Omaha steuerte.

Auch mit derartigen Erlebnissen wird der heutige Reisende Anfang Juni kaum konfrontiert. Die in gut 2 500 Meter Höhe verlaufende Fahrt in Pionierwagen hält jedoch andere, nicht weniger starke, Erlebnisse parat: Zwei junge bärtige Männer mit großen schwarzen Westernhüten erwarten uns mit einem Allradpickup. Nachdem Taschen, Kamera und Stativ verstaut sind, steuern sie das Haus eines Freundes an, bitten diesen, ihnen in der Bar eine Flasche Whiskey zu kaufen und erklären uns knapp, daß sie nach einer Schlägerei in dem Lokal Hausverbot erhalten haben. Mit kräftigen Schlucken stärken sie sich zur Fahrt in die Nacht auf glitschigen Wegen. Uns ist mulmig zumute.

In einer Senke treffen wir auf einen weiteren Pickup von *West trail*, der steckt bis zum Chassis in einem Sumpfloch fest und blockiert die Piste. Mit Anlauf und Geschick lenkt der Fahrer in Bocksprüngen den Wagen über die Wegkante und durch Gestrüpp. Nach zwei weiteren Geländefahrten erreichen wir das Biwak. Ein Lagerfeuer brennt noch. In einem *teepee*-Indianer-Zelt warten Feldbetten und Schlafsäcke. Wenig später rollen wir uns, mit Jeans und Pullovern zusätzlich geschützt, in weitere Decken ein. Kälte kriecht durch Ritzen. Um die Köpfe wickeln wir Shawls, da wir auf die Reise in heiße Länder nicht auch noch Wollmützen mitgenommen haben.

Der nächste Morgen ist klar und bitterkalt. Verwegen aussehende Männer umstehen das wieder entfachte Lagerfeuer und schlürfen heißen Kaffee aus emaillierten Bechern. Sieben Frauen und Männer aus Wyoming betreuen neun Gäste aus dem mittleren Westen und Deutschland. Das Frühstück brutzeln zwei der Frauen stilecht, nach Art der Pioniere, in einer großen Pfanne. Zu Speck gibt es Pankakes mit Sirup. Beim Essen drehen wir mal den Rücken und mal das Gesicht zum wärmenden Feuer, und wir sind heilfroh, daß wir in Utah noch zwei dicke Jacken für diese Expedition gekauft haben.

Die Sonne kämpft gegen Wolken und frischen Wind. Vor zwei Planwagen spannen die Männer je zwei Mulis. Fünf Pferde sind rasch aufgetrenst und gesattelt. Der Zug startet in das Hochtal. Wie die Pioniere wandern wir vor oder

Die Landschaftsformen der Rocky Mountains reichen von lieblichen Tälern mit Seen, wie auf dem linken Bild bei Heber City in Utah bis zu den grandiosen Felsformationen der Cañons. Planwagentouren gibt es unter anderem auf historischen Pfaden am South Pass in Wyoming. Auch die folgende Seite zeigt dort einen Treck auf alten Trails.

hinter den Wagen. Es wird einer der schönsten und einprägsamsten Tage unserer Weltreise. So dicht sind wir nur selten vergangenen Zeiten auf der Spur. Die Erlebnisse, die Jules Verne am Schreibtisch für seine Weltumsegler beschrieb, verblassen gegen das eigene Abenteuer. Für Tage wie diesen muß der Reisende jedoch unerwartet viel Mühsal auf sich nehmen.

In einem Gehölz, ein wenig windgeschützt, essen wir die vorbereiteten Brote. Pferde und Mulis rasten an Bäumen festgemacht. Nach der Winterpause müssen die Tiere wieder Kondition aufbauen. Jede Woche gehen sie an drei Tagen für je fünf, sechs Stunden auf den Trail am South Pass. Die beliebteste *trecking*-Zeit ist Juli und August, wenn auch in dieser Höhe die Kälte weicht. Ab September müssen die »Pioniere« bereits erneut mit Schneefällen rechnen.

Mit gespannter Aufmerksamkeit beobachten die Männer aus Wyoming die aufkommenden Wolken. Nach kurzer Beratung entscheiden sie sich für einen kürzeren Rückweg zum Lager. Wir erkennen die Wetterfront noch nicht und reiten oder wandern gutgelaunt in den sonnigen Nachmittag hinein. Doch kaum haben wir das Camp erreicht, kaum nehmen die Männer den Zugtieren das Geschirr ab, da fallen die ersten Regentropfen. Der Wind briest auf, und gegen Abend peitschen Sturm, Regen und Graupel gegen die Zelte.

Im Gemeinschaftszelt, indem bei schlechtem Wetter gekocht und gegessen wird, spendet der Gasherd etwas Wärme. Wir denken dabei an die westwärts ziehenden Pioniere des 19. Jahrhunderts, die sich nur mit Decken schützten und die nachts unter den Planwagen schliefen.

Nach einem leckeren warmen Abendessen, das auf dem großen, gasbetriebenen Grill gebrutzelt wird, nimmt ein Paar aus Wyoming Gitarren zur Hand. Während Schneeflocken um die Indianerzelte treiben, spielen und singen die beiden die sentimentalen Countrysongs aus dem Westen. Dabei vergessen wir Schnee und Kälte. Wenig später tropft Schneewasser auf unsere Schlafsäcke.

Bis Mitte Juni brechen über Nacht Schneefälle auf die Hochebene am South Pass und vertreiben erneut den Frühling.

Im *Amtrak*-Zug nach Osten

Der *Amtrak*-Zug heißt *The California Zephyr*. Seine Route folgt der von Jules Verne beschriebenen, von San Francisco über Salt Lake City und Denver, Omaha nach Chicago. Eigentlich sind es zwei Züge, die Californien mit Chicago verbinden. Die nördliche Route trifft vor Ogden auf das »Land der Mormonen«, wie Jules Verne das damalige Utah beschrieb. Phileas Fogg und seine Begleiter machten einen Abstecher nach Salt Lake City, ehe sie weiter nach Denver reisten. Die südliche Trasse führt direkt nach Salt Lake City und weiter über Provo nach Denver. Dort, in der Hauptstadt von Colorado, treffen die beiden Züge *The California Zephyr* und *The Desert Wind* zueinander. Gemeinsam rollen die Waggons eine weitere Nacht und fast einen Tag lang nach Chicago.

Aus dem Verbund verschiedener amerikanischer Eisenbahngesellschaften entstand, wie bereits berichtet, Anfang der siebziger Jahre mit staatlicher Hilfe die *Amtrak*. Nach Auskunft des Bahnpersonals läuft die Partnerschaft mit dem Staat noch bis zum Jahr 2002. Bis dahin, so sah es der Plan vor, sollte die *Amtrak* auf eigenen, soliden Beinen stehen. Ob das Ziel erreicht werden wird, ist unsicher. Anzeichen, die der Reisende notiert, deuten darauf hin, daß die *Amtrak* noch »nicht aus dem Schneider ist«.

Wesentlich für eine andere Entwicklung als in Europa sind unter anderem:

1. Die sehr viel größeren Entfernungen in Nordamerika als beispielsweise in Deutschland.
2. Der Wettbewerb amerikanischer Fluggesellschaften, der auf lukrativen Strecken mit *rock-bottom*-Preisen zum Fliegen verführt.
3. Die sehr langen Fahrzeiten der meisten Züge und deren oft erhebliche Verspätungen.
4. Der nach wie vor streckenweise schlechte Schienenzustand, ein ebenfalls teilweise veralteter Fuhrpark und – daraus resultierend – ein nicht ausreichender Komfort.

Nach unserer abenteuerlichen Fahrt mit Planwagen am South Pass in Wyoming steuern wir, weiterhin mit dem Mietwagen, Denver an. Ab dort haben wir Plätze im *Sleeper* nach Chicago und anschließend nach New York City gebucht.

In der Bahnhofshalle der *Union Pacific Railway* in Denver sammeln sich bereits zwei Stunden vor der fahrplanmäßigen Abfahrt die Reisenden. Der Schalter hat gerade geöffnet. Fahrgäste holen Billette ab, fragen nach Schlafwagenplätzen und wollen stets dieselbe Auskunft: »Ist der Zug pünktlich?« Die stereotype Antwort ist negativ. Wenig später leuchtet die Computerzeile auf: *train No. 6 to Chicago will leave at 9.15 pm.* Das bedeutet nur eine Viertelstunde längeres Warten. Doch eine zweite Durchsage verkündet, daß der nördliche Zug in Ogden die Fahrt beendete und die Reisenden im Bus nach Denver unterwegs seien.

Das wiederum verspätete Eintreffen der Fahrgäste aus Ogden, das erneute Bereitstellen von Waggons für diese Passagiere, Auftanken und Frischwasserbunkern sowie Gepäckladen, führen letztlich zu einer verspäteten Abfahrt von zwei Stunden.

Dabei sind die *Amtrak*-Angestellten höflich bemüht, die um Anschlußverbindungen besorgten Reisenden zu trösten und mit Informationen zu versorgen. Auch die Gepäckbeförderung ist vorbildlich. Am Aufgabeschalter erhalten wir, ähnlich wie beim *baggage check* am Flughafen, mit dem Zielbahnhof gekennzeichnete *tags*, und trotz Zwischenaufenthalt in Chicago hält die Gepäckausgabe an der *New Yorker Pennsylvania Station* die großen Koffer bei unserer Ankunft sofort bereit.

Jules Verne beschrieb die *Sleeper*, die vor 120 Jahren aus zu Betten verwandelten Sitzbänken bestanden. Die *privacy* besteht bei ihnen aus Vorhängen, die die übereinander angeordneten Liegen zum Flur hin abschirmen. Ähnlich hatten wir die *Sleeper* auch in Indien erlebt. Und sehr ähnliche Schlafwagen verkehren bis heute bei der *Amtrak*. Auf der Strecke nach Chicago liegt unser Nachtquartier in einem modernen doppelstöckigen Waggon. Die Sicht vom *upper level* ist schön und reicht weit. Die für zwei Personen als *Combis* bezeichneten Kabinen messen jedoch wenig mehr als drei Quadratmeter, der Schläfer im oberen Bett kann sich nicht aufsetzen und sollte nicht zu Platzangst neigen. Wenn wir trotzdem recht bald und tief schlafen, so liegt dies am gleichmäßigen Geratter der Räder auf alten Schienen und daran, daß sich Weltreisende auf einer zehnwöchigen Fahrt an vielfältige Betten und Geräusche gewöhnt haben.

Wie im Internat weckt eine strenge Stimme über Lautsprecher bereits um sieben Uhr früh und erinnert an das im Speisewagen bereitstehende Frühstück. Derartige Durchsagen begleiten den *Amtrak*-Reisenden bis zum Eintreffen am Zielbahnhof. Beim Erster-Klasse-Preis sind die reichhaltigen und recht guten Mahlzeiten eingeschlossen. Nur alkoholische Getränke werden gesondert berechnet. Bei starker Nachfrage erhält man eine Wartenummer und kann sich die Zeit

Folgende Seiten: Die Weite des mittleren Westens dehnt sich beim Vorbeifahren so weit das Auge reicht.

Gemächlich rollen die Fernzüge im Straßenbahntempo durch die Vororte der großen Städte. Die bulligen *Amtrak*-Diesellokomotiven, mit Kuhfängern für unliebsame Begegnungen ausgerüstet, ziehen zwar endlos lange Züge, mit den schnellen *Eurostar* oder *Shinkansen* können sie es im Tempo nicht aufnehmen.

beim Betrachten der Landschaft im Aussichtswagen vertreiben. Von der kleinen Zweierschlafkabine, die tagsüber in Sitzplätze verwandelt wird, sieht man wie aus einem Kabäuschen hinaus.

Prärie mit Viehzucht und Farmen mit dem obligaten Silo neben Hof und Ställen haben die monochrome Berglandschaft der Rockies abgelöst. Frühes orangefarbenes Licht verklärt die Ebene, läßt das flache Land unter blauschwarzen Wolken dramatisch aufleuchten. Vom Zug aus erlebt der Reisende über Stunden die amerikanische Weite, die so viel beschrieben wurde, bis sie sprichwörtlich ein Synonym des Mittleren Westens geworden ist. Man kann sich dieser So-weit-das-Auge-reicht-Landschaft nicht entziehen, es sei denn, Wolken nehmen der Weite den Lichtkontrast, hüllen alles in matschiges Grau und lassen dem Beobachter die Augen zufallen.

Zu den Vorteilen einer Eisenbahnfahrt gehören ungewohnte Einblicke: da stoßen die Dorfstraßen rechtwinklig auf den Bahnübergang, rote Warnlichter blinken, Fahrer warten in großen Limousinen auf das Ende des endlos scheinenden Zuges. Mit schmuckem, geschorenem Rasen vor den Veranden stehen Holzhäuser Spalier. Beim nächsten Blickpunkt sieht man eine festlich gekleidete Menschengruppe auf einer dieser Veranden versammelt. Die Gläser sind gefüllt. Es wird gerade angestoßen, und schon rollt der Zug vorbei, die Szene wechselt. Im folgenden Haus flimmert ein großer Bildschirm: Fernsehzeit. Am Ortsende hat ein Gebrauchtwagenhändler die ausrangierten Karossen ins Gras zum Ausschlachten gesetzt. Das Grün wuchert kniehoch und läßt nur farbige Aufbauten, einem surrealen Bild gleich, aus dem Gras wie seltsame Blumen wachsen.

Neunzehn Stunden rollt und rattert der *The California Zephyr* von Denver bis Chicago, mal schnell, meist langsam. Für die 1.037 Meilen ist das kein Rekord. Japanische, französische und deutsche Expreßzüge fahren in rascherem Tempo. Doch Schnelligkeit steht nicht im Vordergrund der *Amtrak*-Werbung. Sightseeing, entspanntes Reisen und das nostalgische Ambiente sollen Amerikaner und Besucher zur Fahrt per Bahn bewegen.

386
386
Amtrak
STOP
2

Zwischenstop in Chicago

Bei der Wettreise mit der Zeit ließ Jules Verne seine Romanhelden in Chicago knapp und ohne Aufenthalt den Anschlußzug nach New York erreichen. Einen neuen Spannungshöhepunkt hob sich der Autor für New York auf. Dort lief der Dampfer nach Europa eine Dreiviertelstunde vor Phileas Fogg's Ankunft aus, und erneut stand sein Vorhaben *In 80 Tagen um die Erde* vor dem Scheitern.

Uns scheint unser Tempo dagegen gewaltig, als hätten wir Siebenmeilenstiefel angezogen. Aber hätten wir eine Wette à la Phileas Fogg abgeschlossen, dann wäre diese spätestens in Chicago verloren worden. Wegen der dreistündigen Verspätung, die *The California Zephyr* beschert, ist der direkte Anschlußzug nach New York nicht mehr zu erreichen. Wir haben einen Tag Zeit für Chicago.

In der zweitgrößten Stadt der USA beginnt eine eineinhalbstündige Suchfahrt mit dem Taxi. Es ist Samstagabend, und wir sind unbesorgt, rasch ein Hotelzimmer zu finden, da ja über das Wochenende kaum Geschäftsleute unterwegs sind. Doch bald werden wir vom Taxifahrer eines Besseren belehrt. Samstags kommen junge und ältere Paare zu Tausenden in die große Stadt, um sich hier zu vergnügen. Die meisten Herbergen sind demzufolge ausgebucht. Das vom Bahnhof anvisierte Hotel mit Seeblick ist zwar billig, aber derart vergammelt, daß es für uns nicht in Frage kommt. Die folgenden, jeweils vom Taxifahrer oder Hotelrezeptionen empfohlenen Hotels sind belegt, bis wir schließlich für einen sündhaft hohen Preis noch ein Zimmer ergattern. Die bisherige Praxis, daß wir Transportmittel, vom Schiff bis zum Pionierwagen und Unterkünfte, bereits vor Reisebeginn bestellten, erweist sich als ratsam und als zeit-, nerven- und geldschonend.

Auch wenn man Chicago bereits kennt, bedeutet ein Tag Aufenthalt nur eine Stippvisite. Der Bahnreisende wird ohnehin erst einmal Bad oder Dusche genießen, nach den beengten sanitären Verhältnissen im Zug. Schließlich, beim abendlichen Bummel über Chicagos Mall, die Michigan Avenue, trifft er ein paar hundert Besucher, die gleichgesinnt und ebenfalls auf Erkundung aus sind. Dem Weltenbummler fällt es schwer, Präferenzen bei den Luxusgeschäften zu setzen: »War Singapore eleganter? War Hong Kong vielseitiger? Bot Tokyo mehr?«

Auch in Chicagos Michigan Avenue sind die beim Ladenausbau verwendeten Materialien

Bei der Einfahrt in Chicagos *Union Station* flankieren Hochhäuser die Gleise und geben einen Vorgeschmack auf die boomende Stadt am Lake Michigan. Phileas Fogg fand keine Zeit für einen Bummel. Er eilte sofort zum Anschlußzug nach New York.

vom Feinsten. Hier sind Dekoration und Warenauswahl ebenso raffiniert. Da findet man alle führenden Anbieter von Mode, Schmuck und Schnickschnack. Das Niveau des Angebotenen, so stellt der Reisende bald fest, wird weltweit immer ähnlicher. Zum Einkaufen muß man nicht unbedingt in die weite Welt fahren.

Später, beim *Italiener*, einem guten Restaurant, das gerade *in* und gut besucht ist, stehen fast die gleichen Speisen in fast denselben Zusammenstellungen auf der Karte wie zu Hause. Der *Chianti Classico* fehlt ebensowenig wie der *Pinot Grigio*. Der Kellner sieht aus wie sein Kollege in Rom, doch er hat die italienische Sprache fast ganz verlernt. Amerika, der große Schmelztiegel der Eingewanderten, hat auch ihn aufgesogen.

Was gibt es zur Zeit Besonderes in Chicago? Es lohnt immer, den jeweiligen Veranstaltungskalender zu studieren. Ein paar *highlights* sind stets dabei. Im *Terra Museum,* auch an der Michigan Avenue gelegen, wird gerade eine Louis-Armstrong-Ausstellung gezeigt. Über drei Stockwerke bieten liebevoll zusammengestellte Exponate die Retrospektive von Armstrongs Leben: Abbildungen der Jugendjahre, Fotos der erfolgreichen Bands, in denen er mitspielte, bis zum Bild im Tod findet man die wichtigsten Lebensstationen. Fünfzehn Minuten lang zeigt in einem anderen Raum der Bildschirm Ausschnitte aus Filmen, in denen der *König des Jazz* die verschiedensten Rollen spielte. Ein zweiter Monitor überspielt Szenen aus Fernsehaufzeichnungen. Louis Armstrong, der für ihn wesentliche Jahre in Chicago lebte, wird für den Besucher in dieser Ausstellung wieder lebendig, und mit ihm ein Abschnitt amerikanischer Geschichte.

Typisch, ja unverwechselbar ist Chicagos Uferweg am Lake Michigan. Auf eigenen Fahrstreifen radeln die einen, und Sportliche fahren auf Rollschuhen. Andere bummeln am Wasser entlang. Hunde toben, Kinder rennen, und dahinter steht, wie auf der Postkarte, die Silhouette der Wolkenkratzer mit zahlreichen exklusiven Appartementhäusern. Und nur fünf Minuten von der *Union Station* entfernt, dem Bahnhof an der Jackson Street, von dem aus alle *Amtrak*-Züge verkehren, steht die höchste Sehenswürdigkeit Chicagos. Wenn man den Werbetexten folgt, ist es das höchste Bürogebäude der Erde: der *Sears Tower.* Die Expreßliftfahrt zur gut 400 Meter hohen Aussichtsplattform in 70 Sekunden und den phantastischen Rundblick sollte der Reisende auf keinen Fall verpassen. Trotz zeitraubendem Warten, verkürzt durch eine Diashow, lohnt der Ausflug in die Höhe.

Vom Wacker Drive hat man einen der schönsten Blickpunkte auf das »neue-alte« Chicago. Links neben der *North Michigan Avenue Bridge* ragen *Wrigley Building* und *Tribune Tower* heraus.

Auf den folgenden Seiten zeigt die Aufnahme die Sicht vom *Sears Tower* nach Nordosten zur neuen Skyline vor dem Michigan Lake.

Der offizielle *Amtrak*-Führer nennt 19 Stunden Fahrzeit für die 1.154 Meilen lange Strecke zwischen den beiden wirtschaftlich bedeutendsten Städten der USA. Auch dies ist kein Rekord. In Filmen der dreißiger Jahre fuhren Passagiere mal eben über Nacht von der einen zur anderen Stadt. Jetzt verläßt der Zug Nr. 48 (gekoppelt mit einigen Waggons Richtung Boston) Chicago gegen 19.15 Uhr. Am folgenden Nachmittag trifft er gegen 15 Uhr in New Yorks *Pennsylvania Station* ein.

Während die kleineren Haltestellen der *Amtrak* manchmal nur aus einem Wartehäuschen ohne Schaffner bestehen, hat sich Chicagos *Union Station* nach dem Umbau zu einem gut funktionierenden Terminal entwickelt. Ähnlich wie auf einem Flughafen warten die Fahrgäste in verschiedenen Sektoren, an vorbestimmten *gates*, von denen man auf kurzem Weg zu den Zügen gelangt. Die ganze Anlage liegt unter Gebäuden, im Untergeschoß, und die Bahnsteige erinnern in grau, düsterer Stimmung an Luftschutzkeller.

Alle *Amtrak*-Züge glänzen durch ihre silbern polierte Außenhaut. Die graphisch gute Beschriftung verleiht Lokomotiven und Waggons ein moderneres Aussehen, als es oft dem wirklichen Zustand entspricht. Manche Waggons sind recht betagt. Wir erwischen in Chicago einen dieser Veteranen, der laut Auskunft des Schaffners gut dreißig Jahre alt ist und von der *Amtrak* bei der Gründung 1972 von einer der Eisenbahngesellschaften übernommen wurde.

Nun können Veteranen viel Charme besitzen und uns noch jenes nostalgische Flair vermitteln, das wir gefühlsbetont mit der »guten alten Zeit« gleichsetzen. Dies Flair erweist sich nicht selten als Tünche. Wenn Achslager und Waggonkupplungen ausgeschlagen sind und mit ständigem Getöse über veraltete Gleise rumpeln, wünscht man sich eine modernere, zeitgemäße Technik. Nicht unbedingt will der Reisende ständig durch Rumpeln und Rattern an seine frühesten Fahrten als Kind erinnert werden. Die noch verfügbaren *Sleeper*-Abteile werden *Double Slumbercoaches* genannt. Es waren die letzten Liegewagenplätze, die wir drei Monate vor der Fahrt noch buchen konnten. Ähnlich wie die für zwei Personen bestimmten *Economy Bedrooms* der neueren Züge messen sie nur wenig mehr als drei Quadratmeter. Tagsüber sitzen sich die beiden Reisenden gegenüber. Zur Schlafenszeit klappt man ein oberes Bett herab und verändert die Sitze zu einer unteren Liege. Gewöhnungsbedürftig ist die direkt neben einem der Sitzplätze stehende Toilette, die zwar mit einer gepolsterten Abdeckung versehen noch einem Besucher spärliche Sitzgelegenheit bietet, aber für die meisten nicht gerade üblich ist. Der Vorteil der eigenen sanitären Versorgung besteht zusätzlich in einem aufklappbaren Miniwaschbecken mit heißem wie kaltem Wasser, so daß Gang und Warten vor Gemeinschaftstoiletten entfallen.

Eine Schlechtwetterfront erreicht den Staat New York gleichzeitig mit uns. Regen klatscht an Scheiben und auf das neben den Gleisen wuchernde Grün. Jules Verne widmete dieser Bahnfahrt nur wenige Zeilen. Er hob die Spannung ganz für das Eintreffen in New York auf, wo Phileas Fogg – wie bereits berichtet – auf die Suche nach einem Schiff zur Überfahrt nach England gehen mußte.

Die Bahnreise verläuft am nördlichen Hudson Ufer entlang. Zum Teil verborgen durch Bäume und Hecken stehen hier die Häuser Wohlhabender neben Siedlungen für die in New York City Arbeitenden. Auf den Parkplätzen neben den Stationen drängen sich die Wagen jener, die morgens und abends mit einem der Vorortzüge pendeln. Auch der *Amtrak*-Expreß hält häufig und unterscheidet sich bald kaum noch von den Bahnen der City. Durch eine dunkle, lange Röhre rollt der *Lake Shore Limited* fast ohne Verspätung in die unterirdische *Pennsylvania Station* ein. Zum ersten Mal auf unserer Bahnfahrt in den USA tauchen dienstbereite Gepäckträger auf. Alles ist bestens organisiert. Wenige Minuten nach der Ankunft haben wir das große Gepäck am Ausgabeschalter abgeholt und sitzen im gelben Taxi. Ein Polizist überwacht am Ausgang Anfahrt der Wagen und Einsteigen der Fahrgäste. Dann regnet es Bindfäden.

New York gleicht am Times Square einer Filmkulisse. Werbung prangt auf Stellwänden, die Baulücken verdecken und in die – über kurz oder lang – weitere Hochhäuser gezwängt werden.

Folgende Seiten: Der *Times Square,* wie ihn die meisten Touristen kennen: als Schnittpunkt des immer belebten Broadway mit der 7th Avenue.

Wiedersehen mit New York

Manche Stadt sieht man nach vielen Jahren wieder, und man hat rasch das Gefühl, gar nicht weggewesen zu sein. New York gehört bei uns zu diesen Städten. Alles ist vertraut geblieben: das durch Einbahnstraßen gerasterte Verkehrssystem, das Nebeneinander von Wohlstand und Kargheit, die ungeheure Schnelligkeit der meisten New Yorker im Geschäft. (Das erinnert an das frühere Berlin.) Die Gerüche der Weltstadt: eine Mischung aus Parfüm, Gullys, Drugstores und Autoabgasen. Dann das laute, grelle, geschäftige New York, und nicht weit entfernt, in einem der kleinen Parks, eine stille, friedliche Gelassenheit. Es gibt kaum etwas, was man in New York nicht rascher als anderswo erledigen kann. Manhattan eignet sich hervorragend dazu, all das, was der Weltreisende auf seiner langen Fahrt nicht kaufen konnte, noch zu besorgen.

Zu Jules Vernes spannungsreichen Bericht über die Schiffssuche seines Helden Phileas Fogg in New York gibt es für den in der Gegenwart Reisenden dennoch Parallelen. Ebenso wie 1872 das gebuchte Schiff der *Cunard Line* für Fogg und sein Freunde die einzige, sichere Überfahrt nach Europa versprach, ist heutzutage die *Queen Elizabeth II.* der *Cunard Line* das einzige Passagierschiff, das im Liniendienst den Atlantik überquert. Uns bietet es die einzige termingerechte Rückreise. Da die *QE2*, wie das Schiff unter Fachleuten abgekürzt genannt wird, in dem von uns vorgesehenen Zeitraum nur am 14. Juni von New York auslaufen sollte, stand dieser Termin, fast wie der 80te Tag der Foggschen Weltreise, für uns fest. Alle Zwischenstationen, die Fahrt mit dem Pionierwagen, die Stadtaufenthalte und die Reservierungen der Schlafwagenbetten mußten wir mit dem 14. Juni abstimmen. Wir treffen am Nachmittag des 12. Juni in New York ein, haben unser Zeitpuzzle zusammenfügen können und kommen uns ein wenig wie der stets eilende Phileas Fogg vor, obwohl wir uns fest vorgenommen hatten, bei unserer Weltreise keine Hetze walten zu lassen.

Das erst vor drei Jahren errichtete *Renaissance Hotel* steht direkt am Times Square, am Schnittpunkt des Broadway mit der 7th Avenue. Wir haben es ausgewählt, weil man kaum woanders New York so nah ist. Müßig zu berichten, daß es um den Times Square fast alles – und vieles billig – zu kaufen gibt. Nach Down- oder Up-town ist es gleich weit oder nah. Zur *Penn-Station* und zum Pier fährt man mit dem Taxi nur Minuten. Doch die schönste Sicht bietet das im zweiten Stock direkt über dem Platz gelegene Restaurant. Während sich die Dämmerung über die gehetzte Stadt legt, während die Leuchtreklamen greller und der Himmel finsterer wird, während sich die kreuzenden Autoströme entflechten, blickt man vom Tisch bei Pasta, Pesce und Vino in das Herz New Yorks. Dann erlebt der Weltenbummler einen der Höhepunkte seiner Reise.

Zum großen *Museum of Modern Arts* läuft man vom Times Square zu Fuß eine knappe Viertelstunde. Nur wenig länger ist es von dort zum *Guggenheim Museum* am Central Park. Einige der elegantesten Geschäfte findet man nach wie vor an der 5th und 6th Avenue, das heißt gerade mal um die Ecke zu gehen. Auch wenn eine Reihe der Schauspielbühnen *off Broadway* spielen, hier um das Times Square findet man eine große Zahl der Theater, in denen erfolgreiche Stücke über Jahre und nicht gefallende nur wenige Abende gespielt werden. Auf der Verkehrsinsel, mitten auf dem Platz, gibt es eine Kasse für die bis zum letzten Tag nicht verkauften Karten, die man, allerdings nach längerem Warten in der Schlange, zum halben Preis erwerben kann.

Phileas Fogg hatte für all' diese Genüsse keine Zeit. Er wußte, wenn es ihm in New York nicht gelinge, ein schnelles Schiff nach England aufzutreiben, verlöre er seine Wette und sein restliches Vermögen. Die ihm nach Abzug der Reisekosten verbleibenden zwanzigtausend Pfund hatte er per Schuldschein bereits den Wettgegnern in seinem *Reform-Club* für den Fall des Scheiterns übertragen. Für den horrenden Preis von zweitausend Dollar pro Passagier fand Fogg im New Yorker Hafen einen bärbeißigen Frachtschiffkapitän, der die Helden unserer Geschichte – zwar nicht nach Liverpool – aber nach Bordeaux mitnehmen wollte.

Die dann folgende Schilderung der Ereignisse auf dem Frachter gehört zu den abenteuerlichsten wie amüsantesten des Jules-Verneschen-Buches. Fogg gelang es, mit Geldversprechungen das Vertrauen der Mannschaft zu erwerben. Gemeinsam setzten sie den Kapitän fest und nahmen direkten Kurs auf England. Da Fogg das Schiff mit voller Kraft dampfen ließ, verbrauchten die Kessel erheblich mehr Kohlen, und schließlich waren auf dem Nordatlantik alle Vorräte verfeuert. Phileas Fogg kaufte dem Kapitän das Schiff für einen überhöhten, doch für den Eigner interessanten, Preis ab und ließ alle Aufbauten aus Holz, die Masten und Teile der Inneneinrichtung verfeuern. Bis Queenstown an der Südspitze Irlands reichte das Holz.

sbarro
ARTKRAFT STRAUSS
ELLEN
ONE WAY
7 AV
Pizza

GREAT SONGS! GREAT FUN! A GREAT NIGHT ON BROADWAY!
PALACE
VIRGINIA THEATRE
SUITES
EMBASSY 1
American Direct Mail
MERIT

Die 8. Etappe
Von Amerika nach England

Am *Hudson Pier 90* hat die *Queen Elizabeth II.* festgemacht. Sie wirkt nicht so groß und mächtig wie auf den bekannten Fotos, die den Luxus-Liner, ganz alleine auf See, zeigen. Doch die Proportionen am Hafenpier täuschen. Die *QE2* hat beachtliche Ausmaße:

Die Länge beträgt 293,5 Meter bei einer Breite von 32 Metern. Der Tiefgang mit knapp zehn Metern erlaubt noch das Anlaufen der meisten für den Passagierverkehr in Frage kommenden Häfen. 67.139 Bruttoregistertonnen faßt der Riese. Die Höhe vom Kiel bis zur Brücke beträgt 41, bis zur Mastspitze 62 Meter. Neun Diesel- und zwei Elektrofahrmotoren verleihen der *QE2* eine Reisegeschwindigkeit von 28,5 Knoten, das sind 52 km/h.

Im Transatlantikverkehr können bis zu 1.870 Passagiere an Bord gehen. Die Besatzung besteht aus eintausend Mann, einschließlich der achtzig meist britischen Offiziere. Und, *last not least*, sorgen sechs Restaurant und sieben Bars für das leibliche Wohl der Gäste. Zu den Einrichtungen für sportliche Betätigungen gehören ein Außen- und ein Innenschwimmbad.

Beim Anbordgehen denken an wir erneut an Phileas Fogg, der vor gut 120 Jahren ebenfalls auf einem *Cunard*-Schiff die Passage von New York nach England gebucht hatte. Hier könnten wir gleichsam in Foggs Fußstapfen die Gangway hinaufklettern, wenn nicht Jules Verne sich eine verspätete Ankunft und ein bereits abgefahrenes *Cunard*-Schiff für die spannende Story in New York ausgedacht hätte. Wie alle Weltreisenden, die auf den Spuren der »In-80-Tagen-um-die-Erde-Geschichte« nach authentischen Merkmalen suchen, wird auch uns bewußt, daß sich Ereignisse vergangener Zeiten nicht wieder einfangen lassen. Wir können nur versuchen, den Spuren und Stätten der damaligen Epoche nahe zu kommen.

Erstaunlich ist das Fortbestehen der *Cunard*-Reederei seit der Mitte des neunzehnten Jahrhunderts. In der historischen Übersicht der Linie heißt es: »Am 4. Juli 1840 stach Samuel Cunard mit dem wooden hulled paddle steamer *Britannia* von Liverpool in See. Reiseziele waren Halifax, Neu-Schottland und Boston. Dies war der Beginn einer ständigen Dampfer-Linie über den Atlantik, die Post und Passagiere beförderte.« Seitdem (so die offizielle Verlautbarung) ist die *Cunard*-Reederei ständig gewachsen. Seit 1845 gehörten ihr einschließlich der gecharterten Dampfer mehr als 200 Schiffe. Seit 1850 laufen die Atlantik-Schiffe hauptsächlich New York an. Zu den neuen Linern gehörten die *Persia* (1856), es war der erste *Iron-hulled-Cunarder on the Atlantic*. Es folgten die *China* (1862) und die *Servia* (1881).

Phileas Fogg hätte, wenn er nicht zu spät eingetroffen wäre, wahrscheinlich die *Persia* oder die *China* zur Überfahrt genutzt. Doch wie wir bereits hörten, verlief die Reise viel dramatischer.

Doch zurück zur Gegenwart: Empfang und Abfertigung am New Yorker *Pier 90* sind gut durchdacht und ebenso organisiert. Vom Taxi nehmen Träger das mit Anhängern (in verschiedenen Deckfarben) versehene Gepäck in Empfang, und während der Passagier die Kontrollen durchläuft, wandern die Koffer in die Kabinen. Außer den üblichen Fahrkarten- und Paßkontrollen gibt es auf dem Pier die Möglichkeit, ein *Cunard*-Konto mit eigener Kreditkarte zu eröffnen. Dann werden alle Einkäufe und Extrakosten bei der heimatlichen Bank gesammelt belastet.

Die Überfahrt am 14. Juni 1995 steht unter festlichem Vorzeichen. Es ist die eintausendste Atlantiküberquerung der *QE2* seit ihrer Indienststellung am 2. Mai 1969. Girlanden, Plakate und eine festlich gestimmte Crew erinnern den Passagier an das große Ereignis. Nach dem pünktlichen Ablegen und dem Wendemanöver auf dem Hudson River begleitet das Schiff nicht nur ein Feuerlöschboot, zusätzlich werden wir von zwei Hubschraubern umkreist. Auf der Kufe des einen steht ein Kameramann festgegurtet in der Türöffnung und filmt die *QE2* beim Auslaufen vor der berühmten Skyline von New York. Abends erscheint der Streifen im Fernsehen. Wir haben, ohne es zu wissen, eine ganz besondere Atlantikpassage gebucht.

Später, als die Hochhäuser von Down-town Manhattan auf der Backbordseite vorbeiziehen, stellt die Mannschaft auf dem Feuerlöschboot die Pumpen an, und aus neun Kanonen schießt das Wasserspiel, wie es früher bei jeder Jungfernfahrt eines großen Schiffes inszeniert wurde. Auf den Decks der QE2 filmen und fotografieren die Passagiere die Szenen unentwegt. Ein jeder will persönliche Bilder mit nach Hause bringen, obwohl Fotos bereits beim Bordfotografen liegen.

Wie vom Designer entworfen wirkt New York Centre in der einbrechenden Nacht.

Mit knapp 1.200 Passagieren an Bord ist die *QE2* nur zu zweidrittel belegt, das wirkt sich auf den Decks, in Restaurants, Gesellschaftsräumen und an den Bars angenehm aus. Nirgends gibt es größeres Gedränge. Da werden keine Deckstühle mit Jacken oder Handtüchern reserviert. Purser und Stewards bemühen sich, kleinere Unbequemlichkeiten rasch und kulant zu beseitigen. Die Mehrzahl der Fahrgäste stammt aus dem Vereinigten Königreich, also aus England, Schottland und Wales. Das zweite größere Kontingent stellen die Nordamerikaner, während andere Europäer, Australier und einige Südamerikaner stark in der Minderheit sind.

Wie bei vielen ähnlichen Fahrten bilden sich rasch Gruppen, die dann, entsprechend der Psychologie der Masse, recht eigenwillig und übermunter auftreten können. Bei der eintausendsten Atlantiküberquerung brauchen sich keine ortsverwandte Reisende lange zu suchen. 180 englische Sängerinnen und Sänger, meist wohlbeleibte, kräftige Gestalten, haben die Reise gemeinsam gebucht. Auf den einheitlichen T-Shirts prangt in blauer Schrift der Name *Atlantic-Singers*. Mit kehligen, dröhnenden Stimmen werden wir immer wieder an diese Gruppe erinnert, die zur allgemeinen Unterhaltung beim Lunch auch eine Kassette mit ihren Darbietungen auflegen läßt. So viele Sänger, die sich ständig gegenseitig aufputschen, sind nicht jedermanns Geschmack. Zartbesaiteten Reisenden empfehlen wir eine Buchung in der Ersten Klasse, denn dort gibt es kleinere und getrennte Speise- und Aufenthaltsräume mit mehr *privacy*.

Generell ist die *QE2* zwar in verschiedene Klassen aufgeteilt, was sich in Größe und Ausstattung der Kabinen, sowie beim Essen auswirkt, bei allen anderen Gelegenheiten existieren keine Unterschiede. So gibt es keine abgegrenzten Decks, und die gesellschaftlichen Veranstaltungen stehen allen offen. Dies betont bei einem Gespräch Kapitän John Burton-Hall, der Gruppen der Passagiere zum Empfang oder wie in unserem Fall, zu einem Pressegespräch einlädt. Der 59jährige Master des zur Zeit einzigen Atlantiklinienschiffes könnte mit Bart und unter der das Gesicht halbverdeckenden Kapitänsmütze ein Bruder von Roger Moor sein. In seinem Salon stellt sich Burton-Hall als ein gleichermaßen sensibler wie wacher und bestimmender Seemann heraus.

Zwei Gesichtspunkte prägen seine Äußerungen: einmal steht die Sicherheit des Schiffes wie die der ihm anvertrauten Menschen uneingeschränkt an erster Stelle jeder Überlegung. Zum zweiten liegt ihm das Wohl der Passagiere am Herzen, der Kunden, die viel Geld für Überfahrt und Leistungen zahlen und die einen höchstmöglichen Gegenwert erwarten dürfen. Schließlich hängt der Fortbestand der Passagierschiffahrt von der Akzeptanz des Gebotenen ab.

Die Sicherheit wird nicht nur theoretisch erörtert. Gleich am ersten Nachmittag müssen Passagiere und Besatzung mit festgezurrten Schwimmwesten auf den verschiedenen *Musterstationen* zur Übung antreten. Dabei soll sich jeder den Weg zu seinem Sammelpunkt einprägen, die Notsignale kennenlernen und über den Rettungsablauf informiert werden. Im Hintergrund hockt immer noch der Schrecken des *Titanic*-Untergangs. Das damalige Auflaufen des Liners auf einen Eisberg ist unvergessen.

Kapitän John Burton-Hall berichtet zu diesem Thema ausführlich: Seit Ende des Zweiten Weltkriegs beteiligen sich mehrere Länder an regelmäßigen Überwachungsflügen. Standorte und Drift von Eisbergen werden mit großer Genauigkeit, die erst die Satellitenpeilung ermöglicht, den Schiffen durchgegeben. Danach können die Schiffsführer ihren Kurs festlegen. Je weiter eine Nordatlantikroute von New York nach England nördlich verläuft, desto kürzer, schneller und treibstoffsparender ist sie.

Die miteinander verknüpften Vorteile der *Nordroute* dürfen, so die Auslegung des Kapitäns, keinesfalls zu einer, auch nur geringfügigen, Beeinträchtigung der Sicherheit führen. Eisbergspezialisten, die den zyklischen Verlauf der geschmolzenen Gletscherkolosse verfolgen, sagen eine ständig wachsende Eisbergwanderung in südlichere Atlantikgewässer voraus. Eine Erwärmung der Polregionen durch verstärkten Ozonverlust wird mit als möglicher Grund genannt. Wenn sich die heutigen Atlantikrouten in den kommenden Jahren als gefährdet herausstellen sollten, müssen die Reeder südlichere und damit kostspieligere Kurse steuern.

Neben der Sicherheit steht die Rentabilität in der Seefahrt schon immer an vorderster Stelle. Die Zeiten, da mit Volldampf um das *Blaue Band* gekämpft wurde, sind vorbei. Die *Queen Elizabeth II.* kann beispielsweise mit 32 Knoten Höchstgeschwindigkeit fahren. Neun mitteltourige MAN (L58/64) Neunzylinderdieselmotoren geben ihre Kraft an GEC Generatoren ab, die je 18,5 MW elektrische Leistung bei 10.000 Volt entwickeln. Mit der vollen Leistung aller Maschinen wird so die Höchstgeschwindigkeit erreicht. Mit nur sieben Motoren oder bei entsprechend gedrosselter Drehzahl fährt die *QE2* immer noch 28,5 Knoten, sie spart jedoch bei dieser Marschgeschwindigkeit 35 Prozent an Treibstoff.

Dies sind Überlegungen, die bei der Routenplanung im Vordergrund stehen, die auch zu Änderungen der Reisegeschwindigkeit führen.

Für den Weltreisenden bedeutet die Atlantiküberquerung auf der *Queen Elizabeth II.* die Krönung der dreimonatigen Fahrt. Während der fünf Tage dauernden Passage von New York nach Southampton bleibt Zeit zur wohlverdienten Entspannung.

Folgende Seiten: Wie sonst nur bei Jungfernfahrten üblich, sprühten Kanonen eines Löschbootes der New Yorker Feuerwehr, anläßlich der eintausendsten Atlantikreise der *QE2*, Fontänen vor der Kulisse von Manhattan.

Das schwimmende Hotel

Den Vergleich, die *Queen Elizabeth II.* sei ein schwimmendes Luxushotel, hören Seeleute nicht so gern. Schließlich, so argumentieren die Männer, blieben nautische Vorgaben die bestimmenden. Die Elemente Wasser und Wind seien selten ganz zu kalkulieren.

Bei ihrer ersten Reise Anfang Juni dieses Jahres von Southampton nach New York war die *QE2* in schweren Sturm geraten. Windböen mit Spitzengeschwindigkeiten von zehn tobten über dem Atlantik. Aus Sicherheitsgründen mußte ein Deck nach dem anderen gesperrt werden. Die Restaurants blieben zu einem großen Teil unbesetzt, während der medizinische Dienst ständig Spritzen gegen Seekrankheit austeilte. Passagiere wie Besatzungsmitglieder, die an dieser Fahrt teilgenommen hatten, berichteten von einer »grauenvollen Reise«.

Die eintausendste Überfahrt hingegen ist vom Wetter verwöhnt. Täglich berichtet der mittägliche Kommentar des Navigators von außergewöhnlich milder Luft. Die See sei und bleibe ruhig. Für uns könnte der Abschluß der Weltreise auf Jules Vernes Spuren nicht besser verlaufen. Gelegentlich drängt sich die Frage auf: »Wie sind Phileas Fogg und Begleitung vor gut 120 Jahren auf den zahlreichen Schiffen gereist? Waren Komfort und die Gesellschaft an Bord angenehmer? Waren dem Einzelgänger Fogg die Mitreisenden sympathisch oder suchte er stets nur nach Mitspielern für eine Partie Whist?«

Sehr leicht verklären wir die *gute alte Zeit.* In Filmen flimmern Szenen über die Leinwand, die gediegenen Luxus zeigen und bei uns ein Bild entstehen lassen, das sicher allzu rosig ist. Die sanitären Einrichtungen der Kabinen sind heutzutage sehr viel besser als damals. Auf der *QE2* haben alle Kabinen Dusche oder Bad und WC.

Die Stabilität der Schiffe ist in unserer Zeit sehr viel ausgewogener als damals. Mittlerer Seegang führt jetzt nur noch selten bei empfindlichen Reisenden zur Seekrankheit. Und wie steht es mit den Passagieren? War das Niveau früher besser? Kapitän Burton-Hall verneint die Frage und sagt diplomatisch: »So wie sich die Gesellschaft in diesem Jahrhundert grundlegend verändert hat, kommen auch andere Passagiere auf die *QE2*, die sich früher diese Reisen nicht leisten konnten. Aber ich möchte keinesfalls sagen, daß früher einmal die Passagiere besser waren.«

Der Tag an Bord wird durch zahlreiche Informationen eingeleitet. Bereits in der Nacht schieben Stewards das Tagesprogramm sowie an Bord vervielfältigte *News* aus England, den USA und Deutschland durch den Türspalt. Die Tips für die Gestaltung des nächsten Tages beginnen mit vier Gymnastikangeboten. Hinzu kommen die zahlreichen Möglichkeiten im Fitneß-Center, in den Schwimmbädern und der Sauna. Auf Deck kann man Shuffle-Board oder Paddle-Tennis spielen, auf einem winzigen Platz Golf putten üben oder sich im Deckstuhl räkeln. Fünf Runden auf dem Oberdeck messen etwa eine Meile, hier üben sich Geher wie Jogger.

Die Angebote sind so zahlreich, daß kaum ein Passagier alles ausloten kann. Morgens wird die Heilige Messe gelesen. Danach gibt es Bridge-Unterricht. Im Computer-Lehrzentrum findet während der Überfahrt ein Seminar statt. Weiter heißt es: Kreuzwortpuzzle in der Bücherei, Scrabble, Backgammon und Schach-Spiel, Golfunterricht, Anleitung zum *Scarf Tying* (Schalbinden). Schon um elf Uhr früh startet das Musical *Murder Mystery'* im Golden Lion Club, es folgt Tanzunterricht von einem Champion. Außerdem halten Experten Vorträge (auch in deutsch) zu politischen und wirtschaftlichen Themen.

Auch der, der den Tag genüßlich mit Lesen, Schwimmen und Faulenzen verbracht hat, kann abends Filme oder Varietéveranstaltungen ansehen, klassische Musik life hören, zu alter Tanzmusik sich langsam drehen oder in der Disco beim neuesten Sound auftrumpfen. Müßig zu erwähnen, daß in sechs Restaurants dreimal Buffets oder reichhaltige Menüs bereitstehen.

Festlicher Höhepunkt der Jubiläumsreise ist ein Dinner am dritten Abend. Wie bereits am vorangegangenen Tag wird formelle Abendkleidung empfohlen, also Smoking und ein entsprechendes Kleid. Für Weltreisende, die zehn Wochen lang keinen Smoking mitschleppen wollten, tut es auch eine Clubjacke mit hellem Hemd und Schlips. Letzterer ist allerdings zu jedem Abendessen vorgeschrieben, und wir sehen auch keinen, der dann ohne Krawatte und Jakket zum Essen erscheint.

Das festliche Menü beinhaltet auch für die Gäste der *Economyclass* Kaviar und Hummer. Wie üblich, stehen zu jedem Gang verschiedene Gerichte zur Auswahl. Außer Fisch oder Fleisch gibt es auch ein vegetarisches Essen. Und wiederum Höhepunkt dieses Festessens bildet das Dessert. Alle Stewards erscheinen, aufgereiht wie zur Parade, mit kerzenbeleuchteten Eisbomben und marschieren unter lautem Beifall zu den Tischen. Wir machen das Fest der *QE2* auch zu unserem eigenen. Mit Champagner stoßen wir auf die soweit geglückte Weltreise auf den Spuren Jules Vernes an. Krankheiten, Unfälle, Diebstähle, Schiffs- oder Bahnkatastrophen sind uns erspart geblieben. Wir sind glücklich und dankbar.

Tage an Bord entwickeln durch festgelegte Essenszeiten einen eigenen Rhythmus. Auch Sonnenaufgang und -untergang, Wind und Temperaturen bestimmen das Programm. Ganz früh, wenn durch Zeitänderungen für uns die Nächte kürzer werden, fällt es schwer, bei dem Seenebel hinauf aufs Oberdeck zu klettern, um die durchbrechende Sonne zu beobachten. Auf den feuchten Planken der Decks sind nur vereinzelte Frühaufsteher unterwegs. Die Luft ist naß und frisch. Wind drückt um die Vorsprünge der Aufbauten. Weit unten, nur gedämpft zu hören, klatschen Bugwellen an den langen Rumpf. Das ist eine starke Zeit, in der wir auf den Frachtschiffen gerne auf der Brücke stehen, den Kartenkurs verfolgen und gelegentlich auf dem Radarschirm Küstenkonturen ausmachen können. Das ist die Zeit der zweiten Wache von vier bis acht Uhr morgens. Es ist die Stunde des echten Seemanns, der diese Wache liebt. Eine kurze Zeitspanne, wenn trotz Satellitennavigation das Schiff zu einer *Zeitmaschine* auf dem Meer wird. Der Seemann, der den Sinn für diese Stunde nicht verloren hat, ist dann glücklich.

Die *QE2* nähert sich bereits Europa. Nachdem der nördliche Atlantikkurs anfangs nordöstlich parallel zur Küste Neuenglands verlief, dann südlich von Neufundland weiter östlich und schließlich längere Zeit direkt nach Osten führte, nimmt das Schiff nun direkten Kurs auf die Südküste Englands. Der Leuchtturm der Isles of Scilly signalisiert das Erreichen Europas.

Das muß ungefähr in gleicher Position gewesen sein, als Phileas Fogg bereits die Aufbauten der *Henrietta* verfeuerte, um nach dem Ende des Kohlevorrats England noch in der vorgesehenen Zeit zu erreichen. Als auch die Holzteile des Schiffes zur Neige gingen, ließ Fogg, der ja inzwischen Eigner der *Henrietta* geworden war, nach Queenstown, Südküste Irlands abdrehen. Jules Verne schrieb:

»Queenstown nämlich ist ein irischer Küsten-Hafen, den die amerikanischen Überseedampfer anlaufen, um ihre Postsäcke abzuladen. Diese Postsäcke werden auf bereits wartende Expreßzüge verladen und nach Dublin transportiert. Von Dublin gelangen sie auf Schnelldampfern nach Liverpool. Auf diese Weise gewinnen sie einen zwölfstündigen Vorsprung vor den schnellsten Überseedampfern aller Schiffsgesellschaften.«

Etwas Nostalgie wird von der *Cunard Line* an Bord gepflegt, so kann sich der Reisende in die große Epoche der Transatlantikschiffahrt zurückversetzen lassen.

Diese zwölf Stunden wollte nun Phileas Fogg auch für sich gewinnen. Anstatt am nächsten Tage erst mit der *Henrietta* nach Liverpool zu kommen, würde er schon am Mittag dort sein, und auf diese Weise war er vor acht Uhr fünfundvierzig abends in London. Gegen ein Uhr morgens fuhr die *Henrietta* mit der Flut in den Hafen von Queenstown, und Phileas Fogg, von dem sich Kapitän Speedy mit kräftigem Handschlag verabschiedete, ließ den Kapitän auf dem völlig abgetakelten Rumpf seines Fahrzeugs zurück. Es war immer noch die Hälfte von dem wert, wofür Speedy es verkauft hatte!«

Die *QE2* steuert direkt ihren Heimathafen Southampton an. Statt Brennstoffprobleme, wie auf der *Henrietta*, verbucht der Kapitän eine erhebliche Einsparung an Treibstoff. Und wie bereits berichtet, kann er nach günstigem Südwestwind, der das Schiff schob, am letzten Tag der Reise die Geschwindigkeit weiter drosseln.

Bereits mittags läuft die *Queen Elizabeth II.* in einen breiten Sund ein, es ist die Mündung des Test. Bojen und Leuchttürme markieren das Fahrwasser der Großschiffahrt. An den Ufern breitet sich eine typisch englische Landschaft aus: Hecken rastern Weiden. Bilderbuchhäuser stehen dem Southampton-Wasser zugewandt in der Reihe. Spitze Kirchtürme setzen Blickpunkte. Hochhäuser am Ostufer erinnern, daß auch England nicht nur aus Idyllen besteht. Später kommen die Werksanlagen des größten englischen Ölterminals hinzu. Wir nehmen uns in die Arme und sagen: »Das ist Europa!« 80 Tage nach Abfahrt von Venedig sind wir zurück. Engländer nennen das »Welcome back home.« We think we are back home.

Endspurt nach London

Während Phileas Fogg mit dem Expreßzug nach Dublin eilte, um mit der damaligen schnellen Postfähre Liverpool zu erreichen, läuft heutzutage die *QE2* direkt das *Cunard Terminal* in Southampton an. Liverpool war nur bis zum Jahr 1911 der traditionelle und meist angelaufene Hafen der englischen Nordatlantikliner. Dann verlegte die *White Star Line* ihre Basis nach Southampton, und die anderen Reeder folgten. Grund war die von der vorgelagerten Isle of Wight gut geschützte Bucht mit günstigen Ankerplätzen. Zum anderen besitzt Southampton das seltene Phänomen von zwei hohen Tiden innerhalb von 24 Stunden. Die meisten landeinwärtsgelegenen Häfen haben dagegen nur eine für Überseeschiffe geeignete Tide. Letztlich war auch die nähere und günstigere Entfernung zu London ausschlaggebend.

Der dramatische Abschluß von Phileas Foggs Weltreise ist vielen bekannt: Beim Betreten britischen Bodens im Hafen von Liverpool zog der ihm seit Suez folgende und ihn begleitende Detektiv Fix den Haftbefehl aus der Tasche und ließ Fogg als den von Scotland Yard gesuchten Bankräuber verhaften. Alle Strapazen, alle Geldausgaben schienen im letzten Augenblick, nur wenige Stunden vor London, vergeblich gewesen zu sein. Phileas Fogg saß in einer Zelle, während die Zeit des letzten der 80 Tage verrann. Nach drei Stunden kam die erlösende Nachricht, daß der echte Bankräuber, mit dem Fogg seit 79 Tagen verwechselt worden war, inzwischen gefaßt ist. Phileas Fogg charterte einen Sonderzug, und es begann die letzte Wettfahrt der 80 Tage.

Der Weltreisende der *QE2* wird selten einen so spannungsreichen Abschluß seiner selbstgewählten Erdumrundung auf Jules Vernes Spuren erleben. Doch auch für uns werden die letzten Stunden äußerst spannend. Wir hatten den 19. Juni, den Ankunftstag der *QE2* in Southampton als unseren 80ten Tag angesetzt, an dem wir – ob Wette oder nicht – abends wie Fogg in London eintreffen wollten.

Planmäßig geht der Lotse um zwölf Uhr mittags an Bord. Um 14 Uhr werden an Bord die Uhren zwei Stunden – auf englische Zeit – vorgestellt. Schließlich ist es 16.30 Uhr Ortszeit, als die *QE2* am Pier festmacht. Wir haben also noch gut vier Stunden, um bis zur Pall Mall No. 14, dem Haus des *Reform-Clubs* zu gelangen. Das scheint ein Kinderspiel zu werden. Doch wir haben nicht mit dem umständlichen Gepäckentladen gerechnet. Ehe wir in der Lagerhalle die nach Decks aufgegliederten in Reihen stehenden Koffer sichten können, zeigt die Uhr genau neunzehn Uhr an. Für einen der nur umständlich zu erreichenden Züge nach London ist es zu spät. Ohnehin empfiehlt die *Cunard Line* die Fahrt mit einem der bereitstehenden Busse. Für vierzig Dollar pro Person fahren diese etwa einhundert Minuten zur Londoner *Victoria Station*. Um 19.20 Uhr startet der Fahrer den Bus. Der Verkehr wird auf der M 25, der Ringautobahn der Hauptstadt, immer zäher. Bei der Fahrt in die City über die M4 sehen wir häufiger, als daß der Bus rollt. Die Zeit verrinnt. Wette hin, Wette her, auch uns werden die Handflächen feucht, und Schweiß rinnt über die Schläfen.

Schließlich, fünf nach neun Uhr, sucht der Busfahrer an der *Victoria Station* noch einen Halteplatz. Das Entladen und Schleppen des Gepäcks dauert eine Ewigkeit. Wir laden alle Stücke in das geräumige, hohe Londoner Taxi ein und rollen genau um 21.20 Uhr in die Pall Mall. Der korrekte Phileas Fogg würde sagen: »Sie sind aber mehr als eine halbe Stunde zu spät.« Denn die Wette war auf acht Uhr fünfundvierzig als Endzeit abgeschlossen worden.

Obwohl der Abschluß der Jules Verneschen 80-Tage-Reise den meisten bekannt sein dürfte, hier noch mal eine Kurzfassung der bis zur letzten Sekunde dramatisch gestalteten Geschichte: Der von Fogg nach der Haftentlassung gecharterte Sonderzug raste so schnell es ging über die weitmöglichst freigehaltene Strecke. Heizer und Bahnbeamte waren mit reichlichen Prämien angefeuert worden. Trotzdem: Phileas Fogg und seine Begleitung schafften es nicht. Sie trafen fünf Minuten zu spät an der *Victoria Station* ein. Fogg hatte, so glaubte er, verloren.

In der folgenden Nacht überdachte Phileas Fogg seine Zukunft. Er hatte, wie man so sagt, alles auf eine Karte gesetzt, hatte fast zwanzigtausend Pfund für die Weltreise ausgegeben. Sein restliches Vermögen in der gleichen Höhe hatte er soeben bei der Wette an die Gentlemen im *Reform-Club* verloren. Jules Verne schrieb: »Fogg war ruiniert.«

Doch der geschickte Romancier Verne hält bis zu den letzten Seiten für den Leser noch zwei Überraschungen bereit. Während sich Fogg am Tiefpunkt seines Lebens wähnt, eröffnet die indische Prinzessin, die er vor dem Feuertod gerettet hatte, ihre Liebe. Phileas Fogg und Frau Aouda beschließen sogleich, baldmöglichst zu heiraten und schicken Passepartout zum nahegelegenen Pfarramt St. James. Passepartout wartet dort auf den gerade abwesenden Pfarrer, von dem er erst um 8.35 Uhr abends erfährt, daß die Trauung am nächsten Tag nicht möglich sein werde, denn das wäre ja ein Sonntag, und es sei heute nicht, wie Phileas Fogg glaubte, der 22., sondern erst der 21. Dezember.

Jules Verne überspringt des dramatischen Effektes willen die bisher so ausführlich geschilderte Exaktheit Foggs. Er läßt ihn sich um einen vollen Tag irren, den Tag, welchen die Weltreisenden an der Datumsgrenze auf dem Pacific *gewonnen* hatten. Es ist zwar unwahrscheinlich, daß Fogg diesen Irrtum nicht in San Francisco, Chicago oder New York bemerkt hätte. Aber es ist ein schöner Schluß, den Jules Verne anschaulich beschrieb. Passepartout rannte vom Pfarramt zurück in die Savile Row und schrie »Hochzeit nicht möglich, weil morgen Sonntag ist.«

»Montag«, korrigierte Mr. Fogg.

»Nein!... heute... Samstag...!«

»Samstag?... Ausgeschlossen!«

»Dochdochdochdoch!« keuchte Passepartout. »Sie haben sich um einen Tag geirrt! Wir sind vierundzwanzig Stunden zu früh angekommen... jetzt haben wir noch zehn Minuten!«

Phileas Fogg hatte keinen Moment Zeit, über diese neue Entwicklung nachzudenken, rannte aus dem Hause, sprang in eine vorbeikommende Droschke und versprach dem Kutscher hundert Pfund, wenn er ihn wie der Blitz zum *Reform-Club* bringe. Sie überfuhren zwei Hunde, hatten kleinere Kollisionen mit andern Wagen, kamen aber zur Zeit hin.

Die Uhr zeigte also acht Uhr fünfundvierzig, als er im großen Salon erschien. Phileas Fogg hatte die Reise um die Erde in achtzig Tagen geschafft!

Jules Verne fand zu der Freude über die gewonnene Wette noch eine weitere Überraschung. Zwei Tage nach der gerade noch termingerechten Rückkehr in den *Reform-Club*, heiraten Frau Aouda und Phileas Fogg in der in ihrer Nähe liegenden St. James Kirche.

Auch wir bummeln am Tag nach unserer Ankunft in London noch mal zur Savile Row (in der heute viele gute Schneider arbeiten), um von dort durch die Sackville Street und über Piccadilly zu St. James zu gelangen, einer ehrwürdigen, halb unter hohen Bäumen versteckten Kirche aus dem 16. Jahrhundert. St. Jame's gehört zu den ältesten Gotteshäusern Londons. Im kleinen Park an der Kirche haben sich an diesem Tag zahlreiche Angestellte der nahegelegenen Büros zum Lunch niedergelassen. Die Sonne schickt verspielt tausend Strahlen durch die Baumkronen. Im Kirchenschiff übt das Kammerorchester ein Stück von Vivaldi. Das klingt gut, es könnte die Musik für die kommende Hochzeit in St. James sein.

Beim Abschreiten der von Phileas Fogg täglich zurückgelegten Route von der Savile Row zum *Reform-Club* stellen wir fest, daß bei den von Verne erwähnten 576 Schritten Phileas Fogg über St. Jame's gegangen sein muß. Die Strecke über die Regent Street und Piccadilly Circus ist einige hundert Schritte weiter. Der sportliche Passepartout kann demnach im gestreckten Lauf in wenigen Minuten von St. Jame's ins Haus zurückgekehrt sein, und wenn der trainierte Diener seinen Herren sogleich am Schlafittchen packte und auf die Straße zerrte, wenn beide dort ein Cab anhalten konnten, ja dann könnten sie auch noch wenige Sekunden vor Ablauf der Frist in der Halle des Clubs gewesen sein. Sie hatten letztlich doch noch gewonnen.

Folgende Seiten: London, Ausgangs- und Endpunkt der Jules Verneschen Reise um die Erde, empfängt den Weltenbummler mit Sonne und Wärme. Eine neue Themsesicht entstand an der *Vauxhall Bridge*.

Nachwort

Am Ende einer langen Reise versuchen wir Bilanz zu ziehen: Wo lagen die Höhepunkte? Wodurch wurden bleibende Eindrücke geprägt? Haben sich Aufwand, Elan und Einsatz gelohnt? Was ist das Bleibende unserer 88tägigen Spurensuche?

Wie viele vor uns antworten wir mit dem bekannten Satz: »Der Weg ist das Ziel.« Wer nicht den Augenblick aufsaugen und genießen kann, gerät leicht in die Rastlosigkeit einer ständigen Zielsuche. So wie Jules Verne seinen Romanhelden Phileas Fogg letztlich nur im Zwang des Zeitplans der Wette reisen läßt.

In unserer Zeit der ständig schneller werdenden Transportmittel darf den Weltreisenden nicht enttäuschen, wenn er, kaum wieder in Europa angelangt, auf dem Fernsehschirm Szenen von Weltenbummlern sieht, die nach 30stündigem Flug in einer *Concord* die Erde umkreisten und nun etwas staksig über den Flugsteig stapfen.

Auch wir hatten unser Hase-und-Igel-Erlebnis: In London fanden wir nach Abschluß der Reise ein BBC-Buch, das wir vorher nicht entdeckt hatten. Zum Inhalt: Ein fünfköpfiges BBC-Team reiste mit dem Star Michael Pailin auf Jules Vernes Spuren um die Welt. Mit der gewaltigen Unterstützung der englischen Fernsehanstalt sammelte die Gruppe für Film und Buch Eindrücke, die oft ähnlich waren wie die unseren, da auch die Route mit der von uns gewählten fast identisch war.

Das Wesentliche aller Erlebnisse steckt in uns: Das Gefühl etwas im Leben Einmaliges erlebt zu haben. Die Freude hält an. Wir sind dankbar, daß wir gesund und ohne Verluste heimgekommen sind. Wir haben viel von der Welt gesehen, daß wir uns nicht nur an vielen Stätten zu Hause fühlen, sondern – auch wenn dies großspurig klingen mag – uns als Weltbürger sehen.

Zweites Postcriptum: Soeben melden die Medien, daß die *Queen Elizabeth II.* auf ihrer jüngsten Fahrt nach New York von einer dreißig Meter hohen Welle frontal erfaßt wurde. »Es war die höchste Welle, die ich in 38 Jahren auf See erlebt habe«, erklärte anschließend der Kapitän. Die *QE2* blieb, von kleineren Schäden abgesehen, unversehrt. *Fazit:* Es gibt keine Weltreise ohne Abenteuer.

Als literarischen **Reiseführer** benutzten die Autoren dieses Buches den reich illustrierten *Diogenes* Band, dessen Übersetzung auf der Originalausgabe von 1874 basiert. Die Lektüre empfiehlt sich besonders für Weltenbummler, die Jules Vernes Spuren folgen wollen.

Lektorat:
Frank Rudolph, Bad Soden am Taunus

Nacherzählung und Zitate:
Jules Verne: »Reise um die Erde in achtzig Tagen« nach der Originalausgabe: »Le Tour du Monde en Quatre-Vingts Jours« J. Hetzel, Paris 1874 und Diogenes Verlag AG, Zürich 1966

Zum gleichen Thema einer modernen Reise auf Jules Vernes Spuren erschien ebenfalls im Umschau Buchverlag der Reiseführer »Einmal um die Welt« von Anne Christine Cropp.

Aufnahmen:
Johann Albrecht Cropp und Anne Christine Cropp (108, 109, 174), beide Eschborn am Taunus

Gestaltung:
Studio alpha 9, Eschborn am Taunus

Vorsatzkarte:
Mit freundlicher Genehmigung der Rand Mc Nally & Company, Shokie, III., USA aus dem Weltatlas des Verlages

Titelbild:
Im Victoria Harbour von Hong Kong

Reproduktionen:
Gustav Schoell, Reprotechnik, Mainz

Satz:
Satzstudio Zeil, Frankfurt am Main

Druck und Bindearbeiten:
Abt Druck, Weinheim an der Bergstraße

Produktion:
Verlag alpha 9, Eschborn am Taunus

Vertrieb:
Umschau Buchverlag, Frankfurt am Main

Printed in Germany

ISBN: 3-524-88043-6

---

88 Tage auf den Spuren von Jules Verne

Die Tage der Reise:

1 + 2	Spurensuche in London
3	Mit dem »Eurostar« von London nach Paris
4 + 5	Recherchen in Paris und Nachtfahrt nach Mailand
6	Stadterkundung von Mailand
7 + 8	Venedig und Einschiffen auf einer Fähre oder einem Frachtschiff
9 – 12	Überfahrt (evtl. via Griechenland) nach Ägypten
13	Cairo, Giza und Saqqàra
14 + 15	Cairo und der Suezkanal
16 – 25	Port Said–(Djidda)–Dubai–Karachi–Bombay per Frachtschiff
26	Bombay, Stadterkundung
27 + 28	Per Eisenbahn nach Bangalore und per Auto nach Mysore
29 + 30	Dschungelfahrten und Elefantenritt im Kabini Reservat
31	Mit Auto und Eisenbahn nach Madras
32	Madras Stadt- und Tempel-Erkundungen der Umgebung
33 – 37	Frachtschiffreise von Madras nach Singapore
38 – 39	Singapore Erkundung
40 – 43	Frachtschiffreise nach Hong Kong
44	Hong Kong und Umgebung
45 – 46	Hong Kong–Guilin per Bahn oder Flugzeug
47	Flußfahrt auf dem Lijiang
48 + 49	Nach Shanghai per Bahn oder Flugzeug
50 + 51	Shanghai Erkundung
52 – 54	Mit dem Passagierschiff von China nach Osaka, Japan
55 + 56	Osaka, Nara und Kyoto
57 + 58	Mit dem »Shinkansen« nach Yokohama und Tokyo
59 – 69	Pacific-Überquerung mit dem Frachtschiff nach San Francisco
70 + 71	San Francisco, Stadterkundung
72 + 73	Mit dem Mietwagen nach Nevada und Utah
74	Eine Rocky-Mountain-Tour in Utah
75	Salt Lake City und Fahrt zum South Pass/Wyoming
76 + 77	Planwagen Tour auf dem Oregon Trail in Wyoming
78	Fahrt per Auto nach Denver/Colorado
79	Eisenbahnfahrt mit der »Amtrak«, eine Nacht und ein Tag bis Chicago
80	Stadterkundung von Chicago
81	»Amtrak«-Reise nach New York City/N. Y.
82	Stadterkundung von New York City
83 – 88	Atlantiküberquerung mit der »Queen Elizabeth 2« nach Southampton und Rückkehr nach London